그래, 그럴 수도 있지

그때,
그럴 수도
있지

지은이 | 원선미
펴낸이 | 원성삼
책임편집 | 김지혜
본문 및 표지디자인 | 한영애
펴낸곳 | 예영커뮤니케이션
초판 1쇄 발행 | 2018년 6월 5일
등록일 | 1992년 3월 1일 제2-1349호
주소 | 04018 서울시 마포구 동교로 55 2층(망원동, 남양빌딩)
전화 | (02)766-8931
팩스 | (02)766-8934
홈페이지 | www.jeyoung.com
ISBN 978-89-8350-991-8 (03230)

값 11,000

이 도서의 국립중앙도서관 출판예정도서목록(CIP)은 서지정보유통지원시스템 홈페이지
(http://seoji.nl.go.kr)와 국가자료공동목록시스템(http://www.nl.go.kr/kolis-
net)에서 이용하실 수 있습니다.(CIP제어번호: CIP2018015171)

모든 인간은 하나님의 형상을 닮은 존귀한 존재입니다. 사람은 인종, 민족, 피
부색, 문화, 언어에 관계없이 모두 다 존귀합니다. 예영커뮤니케이션은 이러한
정신에 근거해 모든 인간이 존귀한 삶을 사는 데 필요한 지식과 문화를 예수 그리스도의
사랑으로 보급함으로써 우리가 속한 사회에 기여하고자 합니다.

그래,
그럴 수도
있지

원선미 지음

김철호 목사 (전주성결교회 담임 목사)

나의 어머니는 가늘고 작은 몸을 가지고 있었지만 커다란 마음을 가
지고 계셨다. 이 마음은 모두를 반겨 주었고, 이곳에서 기쁨을 발견
하는 숙소와 같은 곳이었다.

유명한 소설가 마크 트웨인의 말이다. 작고 가녀린 몸이지
만 모든 것을 품어서 생명의 싹을 틔우고 열매 맺게 하는 모성
의 대지와 같이 넓은 마음의 소유자 어머니. 어머니의 품 안은
어릴 때는 피난처요, 안식처이며, 성장한 후에는 언제나 마음의
고향이었다. 때문에 책과 드라마, 영화 모두 어머니를 소재로
한 것들은 진부하거나 식상하지 않았다. 감동 그 자체였다. 항
상 그리움이었다.

저자는 그런 거대 담론인 어머니의 일생을 옆에서 가장 가깝게, 때로는 이해되지 않아 가장 먼발치에서 관찰자의 입장으로 담담하게 그리고 소박하고 솔직하게 풀어 썼다. 진심과 진실보다 강한 힘이 있을까? 가장 진심 어린 마음으로 어머니를 응원하고, 가장 진실 된 마음으로 어머니를 존경하는 마음을 잘 표현하고 있다.

저자의 어머니는 세 자녀의 엄마로, 헌신적인 목사로 살아오신 분이시다. 저자의 아버지는 평생을 교직에 계셨다. 그 시대의 아버지가 다 그랬듯이 저자의 아버지도 가부장적이고 권위주의적이셨다. 어머니는 그런 환경 속에서도 성실하게 남편을 뒷바라지하고 가사와 양육을 홀로 감당하면서 목회도 하셨다. 서러움과 눈물은 내일을 위한 자양분이 되었고, 하루하루를 치열하게 주님을 바라보며 견디셨다. 힘들고 어려운 상황 속에서도 하나님께서 주신 새로운 꿈을 향해서 전진하셨다. 연약한 조갯살이 영롱한 진주알을 만들기 위해 인내해야 하듯, 저자의 어머니는 삶으로 아름다운 진주를 만들어 내시기 위해 여린 여자의 몸으로, 시집살이와 남편의 구박 속에서 강한 아내, 현명한 어머니의 모습으로 사셨다. 또한 꿈을 향하여는 먹이를 보며 무섭게 돌진하는 맹수처럼 돌진하셨다.

지난날 겪었던 서러움과 흘렸던 눈물은 동일한 서러움을 겪고 동일한 눈물을 흘리는 사람들을 보듬어 줄 수 있는 따뜻한 치유의 손길이 되었다. 지난날의 인내는 앞으로 달려 나갈 때 겪어야 하는 고난과 시련을 딛고 일어설 수 있는 디딤돌이 되었다. 저자는 이러한 어머니의 모습을 통하여 안일한 자신을 채찍질하고 절망과 낙심에 빠진 많은 사람을 다시 일어나 걸어갈 수 있도록 격려하고 있다.

현실은 긴 겨울, 혹독하고 매서운 겨울바람에 잔뜩 움츠려져 있지만 누구도 생명의 열정은 빼앗을 수 없다. 긴 겨울의 추위를 이겨 내고 피어나는 아름다운 인동초처럼, 쉽게 갈 수는 없겠지만 앞에 있는 영광을 바라보면서 다시 일어나 뚜벅뚜벅 자신의 인생을 걸어가고 싶은 사람에게 이 책을 추천한다.

약이 몸에 쓰듯이 역경은 잠시 몸에 괴롭고 마음에 쓰지만 그것을 참고 잘 다스리면 많은 이로움을 얻을 수 있다는 채근담의 격언처럼, 저자의 어머니처럼 다시 일어나서 주어진 인생을 살아보자! 그리고 맞이할 찬란한 내일을 노래해 보자!

유순임 목사(열린총회 총재. 민족복음화여성 총재)

존경하는 김명자 목사님!

다윗과 요나단처럼 이성의 사랑보다 더 깊은 마음 나누며 지내온지 어언 30년입니다. 변함없는 목사님의 넓은 마음을 보며 자녀가 자랑스러운 엄마의 이야기를 펴내는 것에, 눈시울이 뜨겁도록 기쁨의 눈물이 고입니다.

항상 포근하며 말없는 행동의 본이 되시는 목사님!

진심으로 감사를 어떻게 전하여야 내 마음이 만족스러울지 표현의 부족함을 죄송스럽도록 느낍니다. 만민의 어머니가 될 만한 성품과 어진 목회자의 그 사랑, 성경 속 어느 여인 못지않게 목사님의 위대함을 높이고 싶습니다.

반드시 목사님의 걸어 온 사역과 그 사랑의 헌신은 후배들에

게 그리고 만민의 가슴에 진정 사모함으로 남을 것입니다. 더욱
여종들의 힘이 되며, 하늘에는 상급이 되고 자녀에게는 영원한
믿음의 어머니로 남을 것을 믿고 소망하며 귀한 목사님의 친구
이며, 마음의 연인처럼 사랑하는 종이 축하의 글을 전합니다.

김의경 목사(우리교회 담임 목사, 여목회 총회장)

사랑하고 존경하는 김명자 목사님을 향하여
인생의 대선배시며, 목회의 대선배이신
그분의 가시는 길을 바라볼 때마다
존경과 사랑이 가슴에 물밀듯 올라옵니다.

하나님이 목사님을 사랑하시기에
그 크신 사랑 때문에 가슴 깊은 찬양,
주님을 향한 뜨거운 사랑을 찬양으로
올려 드리는 영적 지도자, 사명자이십니다

어떤 환경 가운데서도 가시는 그 길이 주님의 사랑이

함께 계셨기에 그 얼굴에는 잔잔한 미소로 채우셨습니다.

목사님의 인생, 어머니의 인생을 누구보다도 곁에서 바라보는 따님의 마음이 고통보다 눈물의 기도로, 슬픔보다는 감사로 채우시는 모든 사명의 길을 글로 담아내는 것에 고맙고 감사를 드립니다.

어떤 것도 가슴에 다 담아낼 수 있는 이름이 어머니인 것 같습니다. 이 땅에서 소외되고 무시하고 인정받지 못하는 장애인을 위해 그들 영혼의 순수함을 바라보게 하셨습니다.
비록 육신은 장애지만 한 사람, 한 사람 가슴에 안으시고 그들의 찬양소리, 그들의 어눌한 몸짓 하나하나를 기뻐하시며 간절히 눈물로 그들을 어루만지시며 사랑으로 달려오게 하셨습니다.

사랑의 뿌리에서 인내라는 열매를 맺게 하셨습니다,
하얀 머리카락 한 올, 한 올이 그들을 위한 수고요
주님을 향한 사랑이었음을 보게 하십니다.
이제 주님이 인도하신 그 인생 여정을 책으로
출간할 수 있게 하셨으니

그래, 그럴 수도 있지

오직 감사와 영광을 주님께 드리며
더욱 강건하시기를 빕니다.

기우정 목사(임마누엘교회 담임 목사)

옛 모습이 그리워집니다.
아련한 고향 교회에 선명하게
새겨진 아름다운 목사님.
그 시절 학생들을 사랑으로 이끌며
밤부터 새벽까지 기도하시던 목사님.
말씀의 호미를 들고 세상에 지치고 허덕이는 영혼들과 함께
위로하며 기쁨의 눈물을 흘리신 목사님.
주님의 손이 되어 우리 부부에게 부어 준 사랑과 기도는
영혼에 큰 단비가 되었고
목회 길에 푸른 초장으로
쉴만한 물가로 인도하신 주님의 손이었습니다.
곁에서 함께 생활하고
함께 기도하고 함께 말씀을 먹었던 많은 사람 중에

지금까지
그 사랑에 도취되어
여전히 목회 현장에서 그 사랑을 전하게 해 주셨던 분
그분은 바로 김명자 목사님.
사랑하고 존경합니다.

아빠가 소천하신지 1년이 지났다.

"하루라도 나보다 먼저 가시면 내 뒷정리하고 따라갈 테니 서운타 말고 나보다 먼저 가시오. 절대 애들 고생시키지 말고."

입버릇처럼 하시던 엄마 말씀처럼 살아생전 그리도 힘들게 하시던 아빠가 돌아가실 때는 주무시듯 자식들 고생 안 시키고 엄마보다 먼저 가셨다.

2010년 11월 8일 토요일 아침, 신랑이 전화받으란다.

"도대체 몇 시야?"

잠결에 전화를 받으니 하나밖에 없는 예쁜 우리 올케다. 엄마 칠순 예배에 대해 상의하기 위한 전화다.

'내 엄마가 어느새 칠순이구나.'

언제나 그 자리에 항상 계실 줄 알았다. 내가 기억하는 자상한 모습으로. 멀고 먼 헝가리에서 살다 보니 몇 년에 한번 보는 엄마는 눈에 띄게 나이 들어가셨다. 이러다 어느 날 안개처럼 사라져 버리는 것은 아닐까 혼자 불안했던 적이 있었다. 결혼하고 신랑이 잘해 주고 자녀들을 자상하게 보살펴 줄 때면 언뜻언뜻 엄마가 스치곤 했었다.

외할머니는 두 딸을 낳은 뒤에 아들딸 쌍둥이를 낳으시고 자리를 털고 일어나지 못하시고 돌아가셨다. 쌍둥이로 오빠 따라 나온 엄마는 저것이 왜 따라 나와서 아들 기를 다 뺏어 가느냐는 구박 속에서 자라셨고, 젊다는 표현조차 어색한 20살 새어머니가 집안에 들어왔다. 하루도 집안 편할 날 없는 집에서 그저 소리도 안내고 사셨다고 하셨다.

양장점과 양재학원을 하시던 친정 엄마를 우연히 보신 할아버지가 매파를 보내서 양쪽 집 어르신들 뜻에 따라 결혼을 하셨고, 결혼 전보다 더 힘든 고난의 시간을 보내셔야 했다. 내가 기억하는 어릴 적 엄마는 재봉틀 달달 돌려 옷을 만드셨다. 내 눈에는 잠자리 날개 같고 나비 날개 같은 너무나 예쁜 옷이었다. 물론 우리 것이 아니라 엄마가 주문 받아서 밤새 만든 옷이었다. 아빠의 폭언과 술주정에도 말 한마디 안 하시고 그저 묵묵히 다 듣고 앉아 계시다가 조용히 예배당에 가서 밤새 하나님 앞에서 엎드려 기도하시는 분이셨다. 세상을 향해 말할 곳이 없는 엄마였다. 하지만 우리 앞에서는 절대 울지 않는 강한 엄마였다.

아빠가 어느 날 성경에 나오는 40일 금식이 진짜라면 내가 예수를 믿겠다는 말씀에 엄마는 바로 40일 금식 기도를 하셨다. 거짓말일지 모른다고 옆에서 확인하겠다는 권사님 한 분과 아빠가 40일을 함께하면서 먹나 안 먹나 지켜보는 가운데 하신 금식 기도였고, 40일이 지난 뒤에 해골처럼 마른 엄마가 아빠의 부축을 받고 집에 오셨다. 그날부터 아빠는 예수를 믿으셨다.

난 엄마가 하나님 앞에서 엎드려 기도하시면 엄마의 하나님이 바로 우리 엄마 눈물을 닦아 주시고, 바로 착한 아빠로 바꾸어 주고 그리고 우리가 동화처럼 행복해지는 줄 알았다. 이렇게 긴 시간을 보낸 후에야 "하나님 감사합니다. 모든 것이 하나님의 은혜입니다."라고 고백하게 될 줄을 그때는 몰랐었다.

비만 오면 물 넘치는 지하 방, 빛도 안 들어오는 지하 방에서 살아야 할 때도 엄마는 엄마 특유의 밝음으로 우리를 웃게 하셨고, 일 년에 평균 한 번, 많으면 3번을 이사할 때도 우리가 학교에 가 있는 동안 혼자서 이사하시고, 우리가 집에 오면 모든 것이 정리가 되어 있었다.

엄마의 온전한 믿음을 난 감히 흉내 낼 수가 없다. 엄마는 우리에게 성적표를 보여 달라거나 시험이 언제냐고 묻지 않으셨다. 대신 엄마가 물으시는 말씀은 "성경은 읽었나?" "기도는 했나?" "십일조는 준비하고 있나?" 등이었다. 내가 자식 키우면서 가장 힘든 부분이다.

밥 먹는 날보다 금식하는 날이 더 많으셨던 분, 안방보다 예배당이 더 편하시다시며 지금도 예배당에서 주무시는 분, 언제고 기도하다가, 설교하다가, 말씀 전하다가, 조용히 하나님께 가고 싶다 하시는 분, 벌써 칠순이시다.

2018년 3월, 이제 곧 80을 바라보시는 친정 엄마를 보면서 어느 순간 훌쩍 하나님 나라로 돌아가실까 봐 믿음의 삶을 사신 엄마의 발자취를 더듬어 정리한다. 어찌 80여 년의 삶을 짧은 문장으로 정리할 수 있겠는가마는 그래도 언제고 엄마 돌아가시기 전에 꼭 해야 할 숙제로 안고 살아왔다. 그리고 이제 그 숙제를 마치려고 한다.

어려서는 따뜻한 품을 가진 엄마였다. 내가 좀 크니 큰 바위같이 든든하신 분이었다. 내 나이 50을 넘기고 나니 큰 산과 같은 분이다.

정직하게 행하며 공의를 실천하며 그의 마음에 진실을 말하며 그의
혀로 남을 허물하지 아니하고 그의 이웃에게 악을 행하지 아니하며

그의 이웃을 비방하지 아니하며 그의 눈은 망령된 자를 멸시하며 여호와를 두려워하는 자들을 존대하며 그의 마음에 서원한 것은 해로울지라도 변하지 아니하며 이자를 받으려고 돈을 꾸어 주지 아니하며 뇌물을 받고 무죄한 자를 해하지 아니하는 자이니 이런 일을 행하는 자는 영원히 흔들리지 아니하리이다(시 15: 2-5).

엄마는 흔들림이 없으신 분이시다. 언제나 그 자리에서 하나님 말씀 안에 계신 분이시다. 이런 시간이 허락된 것에 하나님께 감사를 드린다. 하나님의 은혜와 놀라운 역사하심을 다 기록할 수는 없겠지만 하나님과 함께 걸으신 광야 나그네 길을 돌아보며 하나님의 은혜를 함께 나누며 지금의 이 시간, 하나님께 영광 돌리고 싶다.

착하고 예쁜 우리 올케가 아픕니다. 오로지 하나님 말씀 안에서 믿음으로 살려 애쓰는 우리 올케가 아픕니다.

딸 하나, 아들 둘 낳아 하나님 말씀과 기도로 양육하는 믿음의 어머니이며, 병 투병 중에도 사랑합니다. 감사합니다, 말하는 올케가 1월말 뇌종양 판정을 받고 2월 13일 수술 받고 치료 중입니다.

병원에 가서 "자는가?" 하면 "아니요 형님. 난 형님이 좋아요. 기도해 주세요, 형님." 합니다. "고맙고 고맙네. 예쁜 우리 올케." 하면, "진짜로요. 난 언니가 없잖아요. 형님 사랑해요. 안아 주세요." 합니다.

사랑한단 그 말에 또 가슴 먹먹해지고, 울지 말자 다짐했던 맘이 무너집니다.

"나도 사랑하지. 세상에서 올케한테 사랑한단 말 듣는 시누

있으면 나와 보라고 해." 하며 웃습니다. 예쁜 우리 올케는 수술 받고 기억이 조금씩 지워지고 시간이 자꾸만 과거로 갑니다. 좋았던 순간을 기억하고 시어머니인 목사님을 찾고, 큰 형님(친정 언니)을 매일 찾고, 큰 고모부(형부)에게 어리광을 부립니다.

오늘도 병원을 찾아가 손을 잡고 기도하며 당부합니다.

"여보게, 정신 줄 단단히 붙잡고 먹기 싫어도 꼭 먹고, 우리 집 며느리는 자네 하나잖아. 자네가 5년이고 10년이고 목사님(시어머니) 곁에 있다가 시어머니 소천하면 잘 보내 드려야지. 그러니 잘 먹고 잘 자고 우리 하루하루 그렇게 버텨 보자. 오늘도 힘든 하루 잘 보내 줘서 고마워."

예쁜 우리 올케에게 "책을 읽어 줄까?" 하니 "형님 책을 보고 싶어요." 합니다. 그래서 좀 서둘렀습니다. 우리 올케에게 읽어 주고 싶어서요. 그리고 중학교 국어 선생님이었던 우리 올케도 책을 준비하고 있었는데 빨리 나아서 책을 출간해 보자고 오늘도 손을 꼭 잡고 당부했습니다. 잘 먹고 잘 자고 우리 또 하루를 감사하며 잘 살아보자고.

오늘도 주님 앞에 엎드린 친정 엄마, 아픈 올케 매일 같이 지성으로 돌보는 친정 언니, 형부 그리고 지금 이 순간에도 어린 세 자녀 끌어안고 말씀을 읽고 기도하며 하루하루를 보내는 남동생, 멀리 헝가리에서 의대 공부하면서도 오히려 엄마를 걱정하는 큰딸과 앞으로 한국에서 공부할 작은 딸, 하나님의 아들이라고 말하는 우리 어린 에녹 그리고 엄마 이야기를 쓰라고 용기를 준 울 남편에게 고마운 마음을 담아서 이 책을 냅니다.

목차

예배의
삶

사랑의 삶

예배의
삶

1

예배의 삶을
사시는 분

태산을 넘어 험곡에 가도 빛 가운데로 걸어가면
주께서 항상 지키시기로 약속한 말씀 변치 않네
하늘의 영광 하늘의 영광 나의 맘속에 차고도 넘쳐
할렐루야를 힘차게 불러 영원히 주를 찬양하리

이 찬양을 부를 때면 아련히 어릴 적으로 돌아간다. 교회 사택에서 살지 않고 남의 집 문간방에서 살 때니까 아마도 초등학교 3학년이었을 것이다. 어느 날 저녁, 아빠가 가정예배를 드리자며 우리를 불러 모으셨다. 아빠가 예배를 드리자고 하시는 모습이 너무나 낯설었다. 언제나 술을 드시고 소리 지르셨고, 술에 취해 화가 나시면 밥상이 마당으로 날아갔다. 가정예배를 드릴 테니 모두 앉으라는 아빠의 명령에 우리는 겁을 먹었고 말없이 무릎 꿇고 앉았다. 예배는 아빠가 인도하셨다. 그때 부른 찬송이 502장(새찬송가 445장)이었다. 언니도, 남동생도, 나도 기어들어가는 가는 목소리로 모르는 찬송을 웅얼웅얼 따라 했고, 예배가 어떻게 끝났는지는 기억에 없다. 유일하게 찬송가 곡조만 기억에 남아 있다. 언제나 화나면 술을 드시고 소리를 지르시던 아빠가 찬송을 부르셨다. 예수 믿고 한번 제대로 살아 보자 생각을 하셨던 것 같다.

아빠랑 함께 드린 가정예배는 "태산을 넘어 험곡에 가도" 찬양 곡조로 내 기억에 남았다. 그리고 지금도 구역예배나 어디선가 이 찬양이 들리면 그때 긴장하고 무섭고 어려웠던 그 상황이 떠오른다. 한번도 아빠에게 물어본 적이 없다. 그때 기억이 나시는지, 왜 그 찬양을 선택했는지 갑자기 가정예배를 왜 드리게 되었는지 모르겠다. 그리고 가정예배가 지속적이진 않았다. 아빠가 신학교 기숙사로 가시고 주말에만 오셨기 때문이다. 그것이 어린 나에게는 얼마나 다행이었는지 모른다.

아빠는 신학교 졸업을 못하시고 중간에 나오긴 하셨지만 어쨌든 매일 술독에 빠져 살지는 않으셨고, 폭력을 사용하진 않으셨다. 그렇다고 아빠가 말씀으로 변화되어 삶이 바뀐 것은 아니었다. 서서히 조금씩 예배당에 익숙해지셨지만 믿음이 성숙해진 것도 아니었다.

어느 날, 엄마가 다른 교회로 예배를 가셔야 해서 하얀 봉투를 아빠에게 주시면서 꼭 헌금함에 넣으라고 신신당부를 하시며 주시고 가셨단다. 아빠는 그 봉투에 얼마가 있나 궁금해서 예배시간에 살짝 열어 봤고 '이 마누라가 돈 달라면 주지도 않으면서 목사한테는 이렇게 돈을 갖다 주었구나.' 하고 괘씸했단다. 그래서 반을 꺼내서 주머니에 넣고 나머지 반만 헌금함에 넣었다고 한다. 예배를 마치고 집에 가려고 나오는 데 아빠 새 구두 한 짝이 없어졌다고 했다.

그 시절은 모두 신발을 벗어 신발장에 놓고 마룻바닥에 방석을 놓고 앉아서 예배를 드렸다. 아무리 신발장 위에서 아래까지 다 뒤져도 새 구두 한 짝은 안 보이고, 옆에서 지켜보던 목사님까지 함께 찾으셨는데도 결국 못 찾고 한쪽은 구두를 신고 한쪽은 낡은 고무신을 신고 집에 오셨단다. 엄마한테는 헌금 얘기는 하지도 못하고 예배당에서 구두 한 짝만 잃어버렸다며 오히려 역정을 내셨지만 그때부터 절대로 헌금에는 손대지 않는다고 말씀해 주셨다. 그 아빠가 2016년 12월 20일에 소천하셨다.

아빠랑 처음 드린 가정예배의 기억은 나에게 긴장과 불안으로 각인처럼 남았다. 그 뒤에도 설날이나 추석, 아빠의 생신 때에 가정예배를 드렸다. 또 우리가 힘들어할 때면 엄마는 성경책을 펴시고 예배를 드렸고, 좋은 일이 생겨도 예배를 드렸다. 매일은 아니었지만 엄마의 생각에 예배를 통해 우리가 하나님께 영광을 돌려야 하거나, 정신을 차리고 깨어 있어야 한다고 판단이 되시면 예배를 드렸다. 그리고 그 예배는 더 이상 불안이나 긴장은 아니었다.

팔십을 바라보시는 연세에 지금도 매일 저녁이면 예배당에 올라가셔서 예배를 드리신다. 교회를 위해서, 성도들을 위해서, 장애인 시설의 장애인을 위해서 그리고 나라를 위해서. 어쩌다 시차 생각 못하고 정신없어 전화를 드리면 아주 작은 소리로 "내가 지금 예배 중이다. 나중에 다시 하마." 하시면, "아차! 맞다. 저녁이면 예배를 드리시는데 또 잊었다." 하며 미안한 마음에 급히 끊곤 했다. 예전에는 매일 밤마다 철야를 하셨고 지금은 저녁마다 예배를 드리시고 그러다 예배당에서 주무시기도 하신다. 멀리 사는 딸은 예배드리는 엄마를 자꾸 잊고 전화하는 것이다.

나 또한 결혼하고 나서 가정예배의 귀함을 알기에 딸들과 시간이 날 때면 예배를 드렸다. 또한 딸들이 한국을 방문하면 외할머니랑 함께 예배를 드리라고 전화로 부탁했다. 남동생 가족이 말레이시아에서, 두바이에서 힘들어할 때면 엄마는 3일이나 4일 일정으로 바로 가셔서 예배를 함께 드리고 훌쩍 돌아오셨

다. 멀고 먼 타국에서 힘들어 숨쉬기조차 버겁다는 말에 엄마는
아무 말 없이 헝가리까지 16시간을 날아오셨다. 영어 한마디 못
하시면서 불안하실 텐데 자식들이 믿음 안에서 기도하며 말씀
으로 이겨 내기를 바라시는 마음에 일흔이 넘은 몸을 이끌고 그
먼 길을 오신 것이다. 비행기 안에서 물 한 잔, 콜라 한 잔으로
그 긴 시간을 버티시고(행여나 체하거나 속이 불편하실까 봐 아예 안
드셨던 것이다.), 비행기 갈아탈 때도 성경책 한 권만 읽고 또 읽
으시며 기다렸다는 것을 나중에 알게 되었다. 나처럼 구경하고
물건 사고, 커피 마시며 즐기다 시간이 부족한 것이 아니라 낯
선 곳에서 불안하셔서 긴장하며 오고 가신 힘든 길이었다는 것
을 말이다.

"괜찮다. 난 좋다. 걱정 말아라. 우리 딸 얼굴 보고 난 참 좋
다."

웃으시며 말씀하시니 그런 줄로만 알았다. 엄마가 왜 그렇게
힘든 길을 예배를 드리기 위해 오셨는지 이제는 안다. 하루하루
살아가는 우리 삶이 예배인데, 주일예배, 인간관계, 직장생활,
가정이 분리될 수 없기 때문이다. 특히 좁은 해외에서는 직장에
서 함께 일하는 사람들을 교회에서도 만나고, 아이 학교와 연결
되며 한인 커뮤니티 안에서 계속 부딪치게 된다.

처음에는 이해해 보려고도 하고, 슬쩍 외면도 해 보고 아니

다 싶어 적극적으로 해결하려 노력도 했지만 결국 어느 한 순간 와르르 도미노처럼 무너져 버리는 것이다. 처음 조각이 넘어질 때까지 흔들리는 시간은 사실 길다. 조금씩 그 파장이 커지면서 스스로 힘겹고 버거워져 그것을 의식할 때쯤이면 첫 번째 도미노 조각이 넘어질 듯 아슬아슬한 순간이었다. 이때 함께 예배하며 말씀 앞에 나 자신을 비추고, 기도로 아뢰면서 내 안에서 불고 있는 분노, 억울함과 서운함, 미래에 대한 불안함을 잠재우면서 다시 우리 주님만 바라보며 나아가는 것이다.

이제 대학생이 된 아이들이 힘들 때면 "엄마, 기도해 주세요."한다. 이 아이들이 너무 힘들어 주저앉을 때면 나도 바로 달려가 함께 예배드려 주는 어미가 되어야겠다. 세상에서 불어오는 바람과 안에서 일어나는 바람에 흔들릴 때마다 함께 기도하며 뿌리 깊이 내릴 수 있도록 말이다.

하나님은 예배하는 자를 찾으시는 하나님이심을 삶으로 보여 주신 어머니시다.

고난주간과 부활의 아침
(2012년 고난주간에)

고난주간(2012년)이다. 월요일부터 아이들에게 고난주간에 대해서 이야기를 했었다. 그리고 목요일 저녁 아이들과 이야기를 나누었다.

> 엄마: 오늘은 우리 주님이 제자들의 발을 씻겨 주시고 최후의 만찬을 하신 저녁이야. 그리고 내일 새벽에 잡히셔서 고난을 당하시고 재판을 받으신 후 십자가에 못 박히시거든.
>
> 하은, 하빈: 다 알아요.
>
> 엄마: 그래서 내일 아침 우리 금식할까?
>
> 하은: 난 하루는 할 수 있어요.
>
> 하빈: 난 빨리 배가 고파지는데….

　　　　　　　　　　　　　그래, 그럴 수도 있지

엄마: 우리 식구 다 함께 아침 한 끼만 금식을 하는 거야. 우리
　　　주님이 새벽에 잡히셔서 엄청 고난을 받으시는 날이니
　　　까. 하빈이 할 수 있어?
하빈: 알았어요. 할게.

그렇게 목요일 저녁 약속을 했다. 그리고 금요일 아침, 한가
롭다. 아침 준비가 없고, 일찍 끝나는 날이라서 도시락 준비가
없어서 혼자 일어나 성경을 폈다. 시편 73편을 쓰다가 21-22절
에 멈췄다.

나의 가슴이 쓰리고 심장이 찔린 듯이 아파도, 나는 우둔하여 아무것
도 몰랐습니다. 나는 다만, 주님 앞에 있는 한 마리 짐승이었습니다
(새번역).

맞다. 그렇지. 그런데 한 마리 짐승인 나를 위해 우리 주님이
오늘 짐승처럼 끌려 다니시며 수모를 겪으시고 맞으시고 고초
를 겪으셨구나. 1분이 얼마나 길었을까? 숨쉬기가 얼마나 고통
스러우셨을까? 그래서 아버지 하나님께서 차마 보실 수 없으셔
서 빛을 감추시고 외면하셨구나. 얼마나 아프셨을까? 주님의 고
통스런 한숨 소리가 들리는 듯하다.
아빠 차로 학교로 가는 딸들을 보며 기도한다.

주님, 오늘 고난을 당하신 주님을 생각하며 경건하게 지내게 해 주세요. 태어나 처음 금식을 하는 딸들입니다. 단 한 끼 금식이지만 이제 시작입니다. 자신을 절제하는 훈련을 평생토록 하는 딸들이 되게 해 주세요.

어릴 적 생각이 났다. 고난주간에는 아침 금식을 했었다. 그리고 금요일에는 온전한 하루 금식을 했었다. 내가 어렸을 적에는 주일에는 돈을 사용하지 못했다. 물건을 사거나 멀리 놀러 다니는 일은 있을 수 없었다. 그랬기에 고난주간도 특별했고 부활주일은 더 특별했다.

군산에서 3년을 살았다. 그때 엄마는 동광교회 중고등부 전도사로 섬기실 때였는데 부활주일 새벽에는 고등학교 오빠들이 자전거 뒤에 나랑 동생 그리고 언니를 태워서는 담요로 꼭꼭 감싸고 군산 공설운동장으로 갔다. 수많은 사람들이 어두운 새벽에 부활의 아침을 맞이하기 위해 모여서 준비한 초에 불을 붙였다. 우리는 담요에 돌돌돌 쌓인 채로 사람들 사이에 앉아서 초를 들고 행여나 초가 꺼질까 초만 열심히 들여다보았다. 하얀 옷을 입은 성가대(지금 생각하면 연합성가대)의 찬양소리는 천사의 합창처럼 아름다웠다. 새벽 공기를 가르는 찬양에 넋을 놓고 바라보았다. 여 성도들은 모두 흰 한복을 입었고, 엄마도 흰 한복

그래, 그럴 수도 있지

을 입으셨는데 그 어떤 드레스보다 아름답게 보였다. 한동안 나는 부활절에는 당연히 하얀색 한복을 입어야 한다고 생각했다. 마이크에서 울리는 목사님의 설교는 어린 내 귀에는 들어오지 않았지만 성가대와 하얀 한복을 입은 여자들, 바람에 흔들리는 촛불, 우리 옆에서 간절히 기도하는 언니, 오빠들, 내 눈에는 일상을 벗어난 다른 세상의 아름다움으로 기억되었다. 그렇게 부활의 아침은 아름다운 찬양과 하얀 한복, 촛불로 각인되었다.

서울에 올라와서 드린 부활절 예배는 연합예배가 아니었다. 아침이 되면 백설기가 김을 모락모락 내며 배달되었고 삶은 계란과 함께 주일학교 아이들 손에 떡을 들려 보냈다. 또 온 동네에 그날 아침 만든 백설기가 부활의 기쁨과 함께 나누어졌다. 내 아이들은 무엇을 기억할까. 설마 아무것도 기억할 것이 없는 것은 아닐까. 행여 다들 연휴로 여행가는 날로 기억되는 것은 아닐까. 불안했다. 그러면 안 되는데 말이다.

태어나 처음 해 보는 아침 금식.

하은: 금식기도라고 생각해서 그런지 배가 안 고팠어요.

하빈: 엄마, 난 빨리 배가 고파지기 때문에 학교에서 공부할 때 진짜 많이 배가 고팠어. 그러다가 배가 포기했나 봐.

올해는 한 끼지만 내년에는 하루를 해 보자 해야겠다. 딸들에게 부활의 아침을 어떻게 기억하게 해 줄 수 있을까 고민이 된다. 절대로 평범한 날과 같아서는 안 되는데….

이제 대학생이 된 두 딸들은 엄마의 마음을 잘 이해한다. 그리고 각자 부활의 주님을 맞이하고 기뻐한다.

나의 이런 마음처럼 엄마의 마음이 이랬을 것이다. 행여나 우리가 익숙함으로 대충대충 예배드릴까, 귀찮아할까 봐 엄마는 더 많은 기도와 마음을 쓰셨다. 많은 목회자의 자녀들이 감동 없는 예배를 드리게 되는 것이 익숙함 때문임을 아시기 때문에 엄마는 우리가 그렇게 되지 않기를 위해 애쓰셨다.

두바이에 있는 남동생 가족 가정예배를 드리러 가셔서 마지막 날 예배 때 엄마는 부활의 주님에 대해서 말씀하셨다. 우리가 믿는 주님은 부활의 주님이시며, 우리 삶이 다할 때까지 부활의 주님이 우리와 함께하시니 두려워할 것이 없으며, 주님처럼 베풀고 나눠 주고 회복시키는 삶을 살라고 어린 손자들에게 당부하셨다. 우리 주님처럼 위로하는 사람이 되어라, 화목하게 하는 사람이 되어라, 넉넉히 베푸는 사람이 되어라. 엄마의 말씀은 남동생 부부의 삶을 통해 자녀들에게 유산으로 이어질 것이다.

3

진리 안에서 자유하신 분

엄마는 언제 봐도 자유로우셨다. 처음부터 그런 것은 아니었을 것이다. 두 번의 40일 금식기도와 일주일, 열흘 금식을 하루가 멀게 하시고, 예배당에서 철야하며 기도하시기를 평생 하시면서 자유해지신 것이다. 진리가 너희를 자유하게 하리라 하신 말씀이 생각나는 분이시다.

오래 전, 안 믿는 남편 때문에 예배당 오는 것이 힘든 성도가 계셨다. 엄마는 주일예배 참석만으로도 감격해 하시고 저녁 예배는 오지 말라 하셨다. 저녁 예배드리러 오기 위해 남편과 싸우고, 가정불화 속에서 불안하며 긴장 속에서 눈치 볼 아이들 때문이었다.

"주일예배 허락한 것만도 감사하고 고맙습니다. 맛있는 저녁 밥 해 주고 저녁 예배는 오지 마세요. 집에서 남편과 애들 챙기며 성전 바라보는 것도 예배입니다."

본인이 안 믿는 집에 시집가서 주일예배 한 번 드리기가 얼마나 힘든지 아시기 때문이다. 예배드리고 싶은 그 마음이 얼마나 간절한지 아시기 때문이다. 자신은 어쩔 수 없다 하지만 자식만은 하나님 말씀 안에서 키우고 싶은 마음이 얼마나 간절한지 알기 때문이다.

"그 간절한 마음 이미 하나님은 다 아셔. 그곳이 예배의 자리야. 그저 아버지 아시지요? 아버지는 다 보고 아시지요? 하면 돼. 알았지?"

엄마의 말은 그분들에게 위로가 되었고 힘이 되었다. 또 다른 분은 여자 목사라서 안심이 된다며 부인이 예배당에 가는 것을 허락하시고, 부인이 교회 나가기 시작하면서부터 사업이 잘되었다며 장모님이라 생각하겠다고 하시고, 일 년에 한번 예배당에 나오셨다. 또 일 년에 한번은 엄마를 모시고 식사하셨다.

꼭 예배당에서의 무리한 섬김을 강요하거나, 무조건 봉사하고 어려운 형편에 기도제목을 적고 헌금이나 서원을 하라 하지 않으셨다. 가정을 우선으로 가르치셨다. 주일이면 고등학생들과 청년들이 많은 봉사를 한다. 주일학교 교사로 아이들을 데려와서 가르치고 다시 집까지 데려다 주었다. 예배당 청소하고 작은 교회다 보니 성가대 봉사도 하고, 함께 점심을 먹고는 청년 예배도 함께 드렸다. 그 모습이 너무 예쁜 엄마는 가끔 돈을 주시면서 저녁 예배 전까지 비어 있는 시간에 볼링을 치고 오라고 하셨다. 그때마다 나는 말했다.

"엄마, 목사 맞아?"

왜냐하면 내가 고등학교 1학년 때 담임 선생님이 주일에 모두 학교에 나와서 자율 학습을 하라고 하셨고 난 주일 아침 가방을 싸면서 학교에 갈 준비를 하고 있었다. 그때 엄마가 내 방에 오셔서는 주일에는 예배를 드려야지 학교에 가면 안 된다며 가지 말라고 하셨다. 하지만 월요일 아침, 반성문을 써야 하고 성적이 떨어진 학생들은 모두 줄을 서서 교무실로 가야 하기에 그것이 너무 싫어서 꾸역꾸역 가방을 싸고 교복을 입고 학교 갈 준비를 했다. 나에게 몇 번 말씀하시다가 처음으로 그리고 마지막으로 뺨을 때리셨다. 우리 삼 남매에게 단 한 번도 손찌검을 하지 않으셨던 엄마가 주일예배 안 드리고 선생님이 학교에 오라고 했다며 가려고 하는 나를 때리고는 주저앉아서 우시는데 우는 엄마를 보면서 나도 울고, 가방 내려놓고 예배당으로 갔다. 내가 우는 엄마를 처음 보았고, 항상 힘든 엄마인데 다시는 나 때문에 울게 하지는 말자 다짐했다.

그때는 내가 어려서 주일예배를 안 드리는 것 때문에 엄마가 화났다고 생각했었다. 엄마는 그것이 아니었다. 주일예배를 안 드리는 이유 때문이었다. 크리스천이 아닌 담임 선생님이 반 석차가 밀릴까 봐(우리 반이 15반 중에서 1등이었는데 기뻐하시는 것이 아니라 다음에 다시 2등으로 떨어질 텐데 어떻게 기뻐하냐면서 우리들을 계속 다그쳤었다.) 모두 학교에 와서 공부하라고 한 그 이유가 예배를 안 드리고 학교에 가야 할 이유는 아니었던 것이다. 그 사건 이후로 난 항상 생각한다. 지금 이 상황이 주일예배를 못 드릴 이유가 되는가? 유치원에 근무할 때 일 년에 3번은 주일에 행사가 있었다. 처음에는 직장생활이니 어쩔 수 없다고 생각을 하고 주일에 나가서 근무를 했지만 2년이 지나서는 아니라는 판단이 들어서 유치원을 그만두었다. 그리고 주일을 지킬 수 있는 어린이집을 직접 운영했다.

그런 엄마였기에 반 농담으로 "엄마, 목사 맞아?" 하며 웃었고 엄마는 "볼링 치는 일이 나쁜 일이 아니지 않냐. 다 같이 가서 즐겁게 운동하고 집으로 가면 얼마나 좋냐."라고 말씀하시는 얼굴에서 행복이 보였다. 엄마 덕분에 태어나 처음 볼링을 쳐봤다. 화곡동에 새로 생긴 볼링장에서. 그러면 집으로 가는 학생들도 있지만 다 같이 예배당으로 와서 저녁예배를 드리고 라면까지 끓여 먹고들 집으로 갔다. 어느 날은 영화를 보라고 돈을 주신다. 그러면 학생들, 청년들이 다 같이 가서 영화를 보기도 했다. 어쩌면 어떤 분들은 어떻게 주일에 볼링을 치냐고 하실 수도 있을 것이다. 그 시간에 성경 읽고 기도해야지, 주일인데. 불경스런 일을 하는 것처럼 불편해 하시는 분들도 계실 수있을 것이다.

내가 결혼하고 여전도회 일을 하면서 즐겁게 기분 좋게 웃으면서 섬기는 것이 쉽지 않다는 것을 알았다. 해야 하는 일이고, 순서가 돌아오는데 그것이 기쁨이 아닌 분들이 생각보다 많았다. 괜찮다고, 힘들면 안 해도 된다고 말을 해도 안 하는 것은 싫고 하기는 해야 하는데 기쁨은 없고, 그래서 어두운 표정으로 봉사하시는 분들을 보면서 너무나 안타까웠다. 엄마는 청년들이, 학생들이 행복한 표정으로 즐겁게 봉사하는 것이 너무나 예뻐서 그리고 이 모습을 보시는 하나님이 얼마나 기뻐하실까 행복해서 다 같이 볼링 쳐라, 영화 봐라, 피자 시켜 먹어라 하셨던 것이다. 그리고 무엇보다 지금 이 행복을 기억했다가 나중에 다른 곳에서 섬길 때도 이렇게 기쁨으로 즐겁게 섬기기를 바라는 마음이셨던 것이다. 억지로 해서는 절대로 안 되는 것이 섬김이고 헌신이기 때문이다.

엄마는 무엇을 하든 어디에 있든 참 자유로우셨다. 자녀인 우리를 키우시면 서도 말씀 안에서 자유로우셨기에 우리에게 목회자의 자녀로서 이래야 한다, 저래야 한다 말씀하신 적이 단

한 번도 없으셨다. 만약 엄마가 우리에게 너희들은 목사 딸이니까 "이러면 안 된다. 이렇게 해야 한다." 식으로 가르치셨다면 아마도 숨이 막혔을 것이다. 하지만 단 한 번도 우리에게 목사 딸, 목사 아들이라는 표현을 사용한 적이 없으셨고, 성도를 의식해서 단속하지 않으셨다. 사람을 의식하지 않으셨고 오직 하나님 말씀 안에서의 삶을 중요시하셨다. 즉 목사 딸로서가 아니라 하나님 자녀로서의 모습이 더 중요함을 아신 것이다.

나이 서른에 결혼하고 남편 따라 헝가리에 가서 처음으로 목사 딸이라는 표현을 들었을 때 사람들이 목회자 자녀들을 목사 딸, 목사 아들로 부른다는 것을 알았다. 가까이 지내던 신혼부부랑 여름휴가를 가기로 계획을 했는데 떠나기 전날 동행자 중 한 사람이 갑자기 수술을 하게 되어 여행이 취소되었고 다음날 주일예배를 갔다.

"목사 딸이 주일예배 빼먹고 휴가 가는데 하나님이 그냥 놔두시겠어?"

웃으면서 하시는 그 말에 하루 종일 우울하고 납득이 안 갔다. 그 말은 내가 목사 딸이라서 주일예배를 어기면 안 되고, 주일을 끼고 여행을 가려 했기에 그분이 수술을 하게 되었다는 말인가? 엄마가 목회를 하셔도 내 신앙으로 봉사하고 섬기면서 살았지 엄마가 목사니까 성도들을 의식해서 예배를 드리고 봉사를 한 적이 없었다. 그제야 우리를 참 자유롭게 해 주셨다는 것을 알고 참으로 감사했다. 대학생이 되고, 직장생활을 하면서 친구들과 클럽도 가고 술을 마시고 늦게 들어오면 걱정되신 엄마는 버스 정류장에서 기다리셨다.

"뭐 하러 나와 있어? 얼마나 기다린 거야?"

"얼마 안 기다렸다. 골목길이 어두워서 우리 예쁜 딸 누가 업어 갈까 봐."

그 말이 웃겨 엄마 손 잡고 술 취한 딸은 집으로 가고, 엄마는 안심하고 예배당으로 기도하러 가셨다. 지금처럼 핸드폰도 없던 시절이니 대충 이때쯤 오겠지 할 때부터 나와서 기다리신 것이다. 족히 한 시간은 서 계셨지만 언제나 따뜻하게 손잡아 주시고 "우리 딸 덕분에 오늘은 철야기도 하네." 하시며 예배당으로 가시곤 하셨다.

단 한 번도 목사 딸이 술 마시면 안 된다거나, 이렇게 술 마시고 밤늦게 다니는 걸 성도들 보면 어쩌려고 하느냐는 식의 말을 단 한 번도 하신 적이 없었다. 언제나 하시는 말씀은 "엄마는 우리 딸 믿지, 세상이 흉흉해서 걱정하는 거지." 내 아이들이 대학생이 되니 그때 하신 말씀이 새삼 가슴에 와 닿고 엄마는 참 지혜로운 분이셨음을 새삼 깨달았다. 우리에게는 목사가 아닌 따뜻하고 지혜로운 엄마였고, 멋진 여성이었다. 율법에 얽매여서 좁고 답답하게 사시는 분이 아니셨다. 멋진 말을 유창하게 하고, 신학적 전문지식을 쏟아 놓고 겉으로는 자유로 와 보이지만 목사라는 직책에 얽매여 있는 목회자들도 많다는 것을 알게 되고 나니 엄마의 진리 안에서 자유함이 참으로 귀하다.

4

죄에 있어서는
엄하신 분

항상 무엇이든지 "그럴 수도 있지." 하시는 분이 무엇이든 예쁘다, 괜찮다, 좋다 하시는 분이 유일하게 단호하게 안 된다 하는 것이 있다. 그건 바로 죄였다.

오래 전 교회에 두 아가씨가 나왔다. 직장 생활하는 언니들인 줄 알았는데 나중에 엄마 설교를 듣고 마음에 걸려서 사실을 털어 놓았다. 두 언니 모두 오십 넘은 아저씨들하고 아빠, 아빠하고 살면서 생활비를 받아서 생활하고 있었다. 그걸 안 엄마는 본인이 금식하며 기도하시고 두 언니에게 단호하게 말씀하셨다. 당장 그 관계를 청산하고 본인이 직접 벌어서 생활을 해야 한다고. 그렇지 않으면 하나님 앞에서·떳떳하지 못하며 그렇게 바친 헌금을 하나님이 받으실 수 없다고 했다. 두 언니는 어려운 결단을 했다. 한 언니는 액세서리 가게를 시작했고, 한 언니는 아동복 가게를 시작했다. 액세서리 가게를 한 언니는 가끔 귀걸이랑 목걸이 등을 예배당에 들고 왔고, 언니랑 나도 귀걸이를 사곤 했다. 시간이 지나면서 경제적인 어려움에 한 언니는 옛날 아저씨한테로 돌아갔고, 한 언니는 끝까지 예전 생활로 돌아가지 않았다.

두 언니에게 우리 교회는 처음 나온 교회가 아니었다. 다른 교회에 갔을 때는 다들 쉬쉬하며 앞에서는 웃고 뒤에서는 수군거리며 비웃으니 또 교회를 옮기곤 했던 것이다. 엄마가 책망하며 더 이상 죄 짓지 말고 유부남과의 관계를 끊으라고 했을 때, 어쩌면 두 언니는 그 말을 기다려 왔었는지도 모르겠다. 더 이상 부끄럽게 살지 않겠다며 죄짓지 않겠다고 결심했다가 노력 없이 돈 쓰던 그 생활이 편해서 돌아간 언니도 나중에 다시 후회하고 돌이키지 않았을까 나 혼자 생각해 본다.

또 한 번은 새벽예배와 철야기도에 중년 여성이 나오기 시작했다. ○○의원 원장 부인이라고 했다. 2주 정도 나왔을 때 그날도 철야 기도가 끝나고 다들 기도하다가 돌아가시는데 엄마가 그분에게 잠시 남아서 이야기를 하자고 하셨다. 그리고 그분은 우리 교회에 나오지 않으시고 가까운 큰 다른 교회로 옮기셨다. 나중에 엄마가 말씀하시기를, 그분에게 옛날 습관을 모두 버리고 더 이상 죄를 짓지 않는다면 모를까 지금처럼 똑같은 모습으로 예배당에 나오신다면 우리 예수님을 매번 십자가에 못 박고 침을 뱉는 행위와 같다고 권고하셨고 그분은 떠나셨다. 몇 달 뒤에 소문이 돌았다. 그분이 옮겨간 교회 부목사님과 바람이 나서 둘이 도피했고, 부목사 사모님은 교회에서 기절하셨단다. 요즘 교회는 권고가 사라지고, 책망이 사라졌다. 죄를 지어도 사랑이라는 단어로 묵인하고 덮는다. 그래서 비둘기 같이 순결해야 할 교회가 더럽혀지고 있는 것은 아닐까 생각을 해 본다. 그분이 갈 때마다 죄라고, 그러면 안 된다고 다들 말했다면 혹시나 달라지지 않았을까?

죄라고 그러면 안 된다고 누군가는 말해야 한다. 단 엄마처럼 기도한 뒤에 말이다. 사랑의 마음으로 하는 책망과 권고가 되려면 먼저 기도가 있어야 한다. 다들 기도 없이 말만 앞서기에 다툼이 생기고 상처를 받았다며 떠나게 되는 것이다.

기도 없이 하는 권고는 자신이 하나님의 자리에 앉아서 심판하고 정죄하는 것이라서 하나님만이 알 수 있는 영이 떠났다, 영이 죽었다. 거듭나지 못했다는 말을 아무렇지 않게 할 수 있는 것이다. 어찌나 확신에 차서 신들린 점쟁이처럼 말을 하는지 이곳이 교회인지 점보는 곳인지 구분이 안 될 때가 있다. 얼마나 하나님을 많이 알게 되면 아니 하나님의 영이 그 사람을 사로잡아 주장하면 하나님의 자리까지 올라가서 저 사람은 거듭나지 못했다. 하나님의 영이 떠났다, 영이 죽었다는 표현을 할 수 있을까 생각해 본 적이 있다.

내가 믿는 하나님은 귀신의 영이 씌워지는 그런 하나님은 절대 아니기에 받아들이기 힘들었다. 그 누구도 하나님의 자리에서 정죄하고 심판할 수 없는 것이다. 사랑과 기도로, 눈물로 하는 권고여야 한다.

언젠가 교도소에 계시는 분이 목사님이 면회를 오면 여러 가지 도움이 된다는 말에 면회를 가려다가 가지 않으신 적이 있다. 그동안 지은 죄 때문에 회개하고 돌이키기 위해서 면회를 부탁하는 것이 아니었다. 두고 온 자식과 아내가 걱정되어서가 아니었다. 어떻게든 빨리 교도소를 나가고 싶은 마음뿐이라는 것을 아셨기 때문이다. 목사라는 직함이 형량에 도움이 되기 때문이라면 절대 안 간다고 하셨다. 대신 엄마는 그분을 위해 또 새벽마다 기도하셨다. 남겨진 가족들의 고통을 알기 때문에 함께 작정 예배를 오랫동안 드리셨다.

아빠가 오랜 시간 물질로 가족을 고생시키실 때도 엄마는 그 빚을 다 갚으셨다. 아빠가 가정에 충실하지 않으시고 책임감이 없으셨어도 남편으로, 아이들의 아빠로 높이고 존중하며 사신 분이신데, 딱 한 번 아빠에게 화를 내셨다. 어느 날 전화가 왔는데 마침 엄마가 받았다.

"원 목사님 계세요?"

상대는 아빠를 찾았다. 그 전화 때문에 아빠가 어디선가 돈을 주고 몇몇이 모여 만든 교단에서 목사 안수를 받았다는 것을 아셨다. 아빠도 신학을 하시긴 하셨지만 목사 안수를 그런 식으로 받아서는 안 되는 거였고, 어디에서도 내가 목사라고 해서는 안 되는 거였다. 그것은 거짓이고 하나님 앞에서 무서운 죄이기 때문이었다. 외출해서 막 문 열고 들어서는 아빠에게 엄마는 말씀하셨다.

"당신 어디서 목사 안수 받으셨어요? 만약 그렇다면 당신은 무서운 죄를 지은 거고 내가 목사라고 하면서 다닌다면 하나님의 책망을 피할 수 없을 겁니다. 오래 자식들 효 받으며 살고 싶으면 절대 어디서도 목사라고 말하지 말고 당장 사기꾼들 모임에서 나와요. 하나님을 얼마나 업신여기고 하찮은 신이라고 생각했으면 돈 몇 백 주고 목사 안수를 받습니까?"

평상시의 엄마와 다른 서슬 퍼런 표정에 아빠는 번쩍 정신이 드셨고 돌아가실 때까지 어디서도 자신이 목사라고 하지 않으셨다. 그냥 "장로입니다." 하셨다. 하지만 몇 번 더 "원 목사님 계세요?"라고 아빠를 찾는 전화가 왔지만 아빠는 그 전화를 피하셨다. 주변에서 부추기는 말에 귀가 얇은 아빠가 명예욕에 하신 일이었다.

10여 년 전 밀알 모임에서 활동할 때였다. 크리스천은 아니지만 장애인 봉사를 한다는 것을 듣고 처음 참석하신 분이 선교사님 말씀을 듣고 나서 질문을 했다.

"아무리 다윗이 죄를 지었어도 하나님의 책망이 너무 심하단 생각이 듭니다. 왜 하나님은 그렇게 화를 내셨는지 이해가 안 갑니다."

그 질문에 선교사님은 신학적으로 꽤 긴 시간 설명하셨는데 그분은 여전히 납득이 안 되는 표정으로 답답해했다. 그때 그분에게 내 생각을 말씀드렸다.

"기독교는 좁은 길을 가는 종교입니다. 그 말은 하나님을 알지 못하는 사람들에게는 용납되는 일도 하나님이 죄라고 하면 크리스천은 하지 말아야 합니다. 예를 들어 그 시대의 왕이면 막강한 권력을 가지고 있고 맘에 들면 어느 여자든 데려다가 부인을 삼을 수 있으며 죽일 수도 있지만 하나님은 내가 거룩하니 너희도 거룩하라 하시면서 절대로 세상적인 기준의 도덕으로 만족해서는 안 된다고 하십니다. 그러니까 국회의원이 되거나 대통령이 되었을 때, 지도자 위치에 있을 때 이 정도면 충분하다고 모두가 말을 해도 크리스천은 세상 사람들의 기준에 비추면 안 되고 그보다 더 높은 기준의 하나님 말씀에 따라서 살

내 설명에 그분은 "그렇게 사는 크리스천들이 많으면 기독교
에 대해서 거부적이지 않을 텐데요." 했다.

엄마는 악은 모양이라도 버리라는 말씀을 가슴에 새기고 사
셨다. 우리의 죄의 근성이 얼마나 끈질긴지를 아시기에 그림자
조차 멀리하려 하셨다. 행여나 아빠 때문에 우리도 대충대충 살
까 봐 엄마는 더 긴장하고 기도하시며 죄에 있어서는 단호하고
엄하게 하셨다. 다른 사람에게 그러하셨으니 본인에게는 어떠
셨겠는가? 팔십을 바라보는 목사지만 기도하시는 중에 성령님
의 책망에 예민하셨다. 30년 넘게 함께한 한 지인의 어떤 행동
이 옳지 않다고 생각하셔서 책망을 하셨다. 그런데 기도할 때마
다 성령께서 목사인 네가 참았어야지 왜 그랬느냐고, 왜 감정적
으로 대처했느냐는 마음의 울림이 있었다. 그래서 엄마는 더 깊
이 기도하신 뒤에 전화를 하시거나 직접 찾아가서서 용서를 구
하셨다. 교회에 문제를 일으켜서 떠나신 분일지라도 나중에 우
리 주님 뵐 것을 생각하면 엄마는 먼저 전화를 하셨고, 만나셔
서 관계를 회복하셨다. 말로만 대충하는 그런 것이 아니셨다.

꽃이나 선물 아니면 식사를 함께하시면서 관계를 회복하셨다. 그렇다고 많은 목회자들이 하시는 것처럼 교회를 떠나지 말라거나 교인들의 눈치 때문에 어쩔 수 없이 하는 그런 것이 아니었다. 사랑하는 주님을 뵈올 생각에, 기도하려고 엎드릴 때마다 성령님의 애통하심에 순종하신 것이었다. 그랬기에 그 성도가 교회를 옮겨도 회복된 관계로 언제 만나도 반가웠고 생각날 때마다 기도로 함께할 수 있었다.

살다 보니 진심으로 전하는 용서나 사과가 얼마나 귀한지 참으로 많이 느낀다. 특히나 목회자가 하는 용서나 사과는 보기 힘들었다. 진정성 없이 목회자라서 어쩔 수 없이 한다는 식의 사과거나 변명이 대부분이었다. 끝없는 변명과 아니면 모른 듯 외면하는 침묵이 관계 회복을 어렵게 만들었다. 기도로 회개했기에 우리 주님은 용서해 주셨다는 당당함일 때는 오히려 상대에게 상처를 주었다. 죄에 있어서는 언제나 예민하고 용서나 사과하는 행동으로 먼저 손을 내미시는 용기 있는 목사님이 소중한 시대이다. 그래서 엄마가 그런 분이기에 감사하다.

5

마땅히 행할 길을
아이에게 가르치라

초등학교 5학년 때 처음 피아노를 배우게 되었다. 사실은 엄마가 전도사로 시무하던 은평제일교회에서 반주하시던 새댁이 언니를 그냥 가르쳐 주시겠다고 시작을 했는데 몸이 약한 언니는 피아노 건반이 빙빙 돌고 어지럽다며 힘들어했다. 앉아서 건반을 누르는 것조차 힘겨워 그만두게 되면서 나에게 기회가 왔다.

아주 작은 단칸방에서 다섯 식구가 살던 때라 당연히 피아노는 구경조차 못했고, 피아노 건반이 그려진 종이 위에서 소리도 안 나는데 열심히 손가락 연습을 하고 선생님 집으로 가서 피아노를 배웠다. 5학년이었던 나는 그냥 공짜로 피아노 배우는 것이 미안해서 가끔 일찍 가서 선생님 아이를 봐 주거나 피아노 레슨이 끝나도 남아서 아이와 놀아 주다 오곤 했다. 그러면 선생님은 그 시간에 다른 아이 레슨도 하시고, 청소나 김치를 담곤 했다. 그러다 제물포로 이사를 하면서 피아노를 배울 수가 없었다.

엄마가 부천에서 개척 교회를 시작하면서 반주자가 필요했다. 길 건너 아파트에 사는 결혼한 새댁이 피아노를 전공했는데 가끔 작은 개척 교회인 우리 교회에 와서 반주를 해 주셨다. 그러다가 갑자기 남편이이 미국으로 발령받았다면서 급한 대로 찬송가 반주를 나에게 가르쳐 주고 가셨다. 피아노를 배우는 순서인 바이엘, 체르니100번, 30번, 40번 이런 것이 아니라 찬송가에서 쉬운 곡부터 오른손, 왼손 따로 해서 양손 같이 하는 방법으로 반복 또 반복 연습으로 가르쳐 주었다. 페달 밟는 것도 쉼표 때마다 밟으라고 아주 간단하게 두 달 레슨하고 미국으로 가셨다.

그때 중학교 2학년인 나는 일주일 내내 학교 끝나면 교회에 들러 주일날 반주할 찬송가 4장을 연습을 했고, 주일에는 연습한 찬송가 4장을 반주했다. 박자는 조금 느렸고 어려운 부분은 자주 틀리곤 했다. 물론 개척 교회라 성가대는 당연히 없었다. 그때 우리 교회는 내가 반주할 수 있는 곡만 예배시간에 불렀는데 가끔 외부에서 오신 목사님이 본인이 원하는 곡을 부르시자 하실 때는 그냥 피아노 앞에 앉아 양손 무릎 위에 얌전히 놓고 앉아 있었다.

그리고 2년 뒤, 고등학교 1학년 때는 찬송가의 대부분을 암기했고, 성가대가 찬양을 시작할 때는 일주일을 또 매일 1~2시간씩 칸타타 연습을 했다. 물론 그때도 피아노가 없어서 교회에서 추운 예배당에 가서 늦게까지 반주 연습을 하는 나를 보면서 엄마는 많이 안타까워하시곤 하셨다. 텅 빈 예배당에서 손을 호호 불면서 연습을 할 때면 손가락 끝이 아팠다. 난 음악에 재능이 없는 사람이다. 그러니 몇 번 연습해서 바로 반주할 수 있는 실력이 아니었다. 연습하고 또 연습하고 그렇게 새로운 곡을 할 때마다 연습해야만 했다. 수요예배 전에 1시간씩 연습하고, 주일 어린이 예배, 대예배, 성가대 학생회 예배, 청년 예배, 주일 저녁 예배. 부흥회와 성경학교 때는 교회에서 살다시피 했다. 그렇게 중학교 2학년 때부터 했던 교회 반주를 결혼하던 서른 살까지 했다.

고등학생 때, 엄마가 어느 날 말씀하셨다. 아마 그때 내가 좀 피곤해 하면서 짜증을 냈었나 보다. 그런 나에게 엄마는 말씀하셨다.

"하나님께서는 길거리 돌을 통해서도 찬양을 받으시는 분이시다. 지금 하나님 앞에서 섬길 수 있는 것이 감사한 것이다. 하고 싶어도 못하는 사람들이 얼마나 많은지 아냐. 너에게 이런 섬기는 기회를 주신 것을 감사해라."

　엄마는 화를 내시거나 소리를 지른 적이 없으시다. 그냥 조용히 지나가듯 말씀하신다. 그 말씀이 마음에 박혔고, 처음 종이 피아노 위에서 손가락 연습할 때의 기쁨과 미국으로 간다며 두 달 동안 찬송가만 가르쳐 주셨던 분의 도움이 생각나면서 하나님 앞에서 약속했다. 그 약속을 반주하던 내 찬송가와 성경책에 크게 적어 놓고 잊지 않기 위해 찬송가를 펼칠 때나 성경책을 볼 때마다 들여다봤다.

　"하나님, 어디든 반주자가 없는 곳이면 어디든지 가서 반주를 하겠습니다."

　"또한 저처럼 예배 반주를 하고 싶지만 형편이 어려운 사람이 있다면 저도 돈을 받지 않고 가르치겠습니다."

　지금도 그 약속을 잊지 않고 있다. 피아노 반주할 사람이 많이 있어도 다들 예배 참석하느라 주일학교 반주가 없을 때가 많았다. 그럴 때면 당연히 나는 주일학교에 가서 피아노 반주를 했다. 왜 나보다 피아노 잘 치면서 반주로 섬기지 않을까 할 필요도 없었다. 난 하나님과의 약속을 지키는 기회를 얻었으니 그저 감사할 따름이라. 이제는 어린이 예배나 노숙자 예배 때 반주하면서 틀린다. 눈이 침침해서 악보가 잘 안 보여서 틀리고, 조 바뀜을 주의하지 않아서 틀리고…. 그래도 감사하다.

엄마가 해 주셨던 말씀, 하나님께서는 내가 아니어도 길거리의 돌을 통해서도 찬양을 받으실 수 있는 분이라는 말씀하지 않으셨다면 내가 잘나서 하는 줄 알았을 것이다. 지금 나에게 이런 섬김의 기회가 있다는 소중함과 기쁨을 많은 시간이 지나서야 알았을지도 모르겠다.

마땅히 행할 길을 아이에게 가르치라 그리하면 늙어도 그것을 떠나지 아니하리라(잠 22:6).

두 딸이 중학생이 되고 고등학생이 될 때 마음이 조급해졌던 적이 있다. 단조로운 헝가리에서 주일예배 한 시간으로 일 년이 무심히 지나고 아이들은 너무 빨리 성장하고 있었다. 마침 여름 방학에 한국을 방문할 기회가 생겼을 때 헝가리에서 전화로 예수원에 2박 3일 예약을 했다. 청량리에서 기차를 타고 태백에 내려 버스로 예수원에 들어가 지낸 3일은 두 딸에게 너무나 귀한 시간이었다. 마침 신혼여행으로 예수원에 온 커플을 보고 큰 아이는 감명 받았다. 초등학교 때부터 기도하시는 엄마를 따라 청계산기도원, 한얼산기도원, 오산리기도원 등에서 여름을 보낸 나와는 다른 환경에서 자라는 아이들이지만 하나님을 간절히 사모하는 사람들의 자발적인 모임에서의 생활을 경험하게 해 주고 싶었다. 예수원에서 보낸 2박 3일의 특별한 시간을 두 딸은 결코 잊지 못한다.

몇 년 만에 한번씩 한국에 나오다 보니 그럴 때면 조카들이 훌쩍 자라 있곤 했다. 사춘기 조카들이 예배 시간에 올케의 피아노 반주에 맞추어서 바이올린을 연주하고, 전자피아노를 친다. 주일예배 찬양을 위해 토요일 오후면 올케랑 함께 셋이서 연습을 해야 하니 귀찮을 수도 있고 짜증낼 수도 있을 텐데 부모님 말씀에 순종하는 조카들이 예쁘다. 하나님 말씀 안에서 순종함과 하나님을 예배함을 우선으로 가르치는 남동생 부부의 교육방침이다.

뇌종양으로 수술하고 치료 중인 올케가 한국에 머무는 동안 두바이에서 아빠랑 있는 조카들은 매일 저녁이면 엄마의 가르침대로 성경말씀을 읽고 기도하며 하루를 마감한다. 마땅히 행할 길을 믿음의 어머니에게서 배운 그대로 자녀에게 교육하는 것이다. 우리에게 무엇이 중요한지 알려 주시고 엄마가 그런 삶을 사셨기에 가능한 것이다. 이젠 내가 친정 엄마에게 배운 말씀을 딸들에게 말해 준다.

"너희가 아니어도 되는 거야. 그런데 하나님이 너희에게 기회를 주신 거니까 최선을 다해서 준비하고 기쁨으로 해야 해. 절대로 교만해서는 안 된단다. 하나님은 교만한 사람을 미워하

그래, 그럴 수도 있지

신다고 성경에 있거든. 항상 하나님을 믿고 믿기에 당연히 순종하고 그리고 순종하기에 감사하며 기뻐하는 삶이어야 한단다. 외할머니가 그렇게 사셨고, 엄마가 그러려고 노력하고 너희들 또한 그런 삶을 살기를 간절히 기도한다.

아브라함의 하나님 이삭의 하나님, 야곱의 하나님이라 고백한 것처럼 우리 딸들이 외할머니의 하나님, 엄마의 하나님 그리고 내가 믿는 살아 계신 하나님이라 고백하며 살기를 간절히 바란다."

기도의
삶

내 집은
기도하는 집이라

1977년, 눈을 뜨니 군산 고속버스터미널 첫차인 고속버스 안이었다. 교회 언니, 오빠들이 새벽에 고속버스터미널에 모여서 울고 있었다. 머리 길고 예쁜 언니가 직접 만든 샌드위치를 내 손에 쥐어 주면서 울고 또 울었다. 갑자기 교회에서 나가라는 통보를 받으셨는데 그 이유가 재밌다. 엄마가 10여 명이었던 중고등부를 담당하시게 되었는데 그후에 중고등부가 부흥을 했다. 그리고 40일 금식기도를 마치시고 신유의 은사를 받으신 엄마가 저녁마다 예배당에서 성도들과 기도하는 것이 못마땅했는데 김장을 못한 전도사님을 위해 고등부 학생들이 자기 밭에서 배추, 무, 파를 뽑아서 몰래 우리 집에 가지고 오다가 목사님에게 들켰고 그로 인해 엄마는 교회를 사임하게 된 것이다.

그래, 그럴 수도 있지

그 시절에는 교육전도사 월급이 없었다. 성미가 전부였는데 꼭 5일이나 7일이 부족했다. 쌀도 묵은 쌀, 곰팡이 난 쌀이 섞여 있었다. 쌀이 떨어지면 엄마는 하나님이 금식하시라고 하나 보다 하셨지만 아직 어린 자식들이 걱정되어 "하나님! 나야 금식하면 되는데 어린 것들은 어찌할까요?" 기도하셨고 새벽예배 다녀오면 부엌에 누군가가 갖다 놓은 쌀이 놓여 있곤 했단다. 그러니 김장은 꿈도 못 꿀 일이었다. 그것을 안 학생들이 자기 집 밭에서 조금씩 뽑아 가지고 온 것이 사임 이유가 되니 그 새벽 고속버스터미널에 언니, 오빠들이 모두 나와 울면서 인사를 한 것이다.

그날로 우리는 서울로 올라와서 아빠랑 언니랑 함께 살게 되었다. 5학년이었던 언니는 1년 전에 먼저 혼자 올라와서 아빠랑 함께 살면서 밥하고 김치 담고 살림하면서 학교에 다니고 있었다(내가 결혼하고 아이를 낳아 키우면서 그 일이 제일 가슴 아팠다. 딸이 5학년이 되었을 때 전혀 상상이 안 되었다. 어떻게 이 나이에 밥하고 반찬 만들고 김치 담고 학교에 다닐 수가 있었을까 하고 말이다.). 그리고 어린 딸을 직접 손 붙잡고 데리고 가서 일일이 설명하고 가르친 것이 아니라 서울 올라가는 교인 손에 보낸 것이었다. 몸 약한 어린 딸을 보내 놓고 엄마는 얼마나 힘드셨을까 내가 딸을 키우면서야 가늠이 되었다. 엄마는 의지할 곳이 없기에 또 하나님 앞에 엎드려 기도하는 시간이었다.

높은 산동네 방 한 칸 얻어 시작한 서울 생활은 다음 해에 아랫동네에 있는 개미굴이라고 불리는 작은 방 하나(간신히 4명이 누울 수 있었다.)에 부엌이 다닥다닥 붙어 있는 집으로 이어졌다. 입구에 공동 화장실 건물이 있고, 안쪽으로 공동 수돗가가 있었다. 그 공동 수돗가에서 아침이면 세수하고 이 닦고, 낮이면 빨래하고 설거지하는, 수백 세대가 그렇게 너무나 작은 방 하나에 꼬물꼬물 살았다. 아주 작은 부엌에는 곤로 하나 놓고 밥을 하고 국을 끓였다. 공동 화장실에는 아침마다 긴 줄이 있어서 한가한 오후 시간에 화장실을 사용해야 했다. 말 그대로 개미굴 같았다. 누가 어떻게 그런 이름을 붙였는지 모르지만 1970년대 말에는 시골에서 올라온 사람들이 너무 많아 다 수용할 수가 없었기에 이런 집들도 방이 없었다. 초등학교도 70명씩 오전, 오후반으로 운영을 했을 정도였다. 주변을 돌아보면 다들 그렇게 어렵게 살고 있으니 다들 그런 줄 알았다. 작은 방에 4명이 누우면 돌아 누울 여유가 없다 보니 엄마는 매일 교회로, 기도원으로 가서서 기도하셨다.

지금이야 교회마다 따뜻하고 좋은 환경이지만 그때는 예배당이 추웠고, 무엇보다 엄마가 섬기던 교회에서 목사님이 기도하지 말라고 문을 잠가 버리면 기도할 곳을 찾아 어디로든 가야 했다. 그럴 때면 엄마는 기도원으로 가셔서 철야기도하고 오셨다.

  엄마의 삶은 기도하지 않을 수 없는 환경이었다. 집에 와도 누울 자리가 없으니 아주 작은 부엌과 방 사이에 엉덩이 붙이고 앉을 공간 하나가 있었는데 엄마는 가끔 그곳에 앉아 계셨다. 예배당 문은 잠겨 있고, 기도원까지 다녀올 형편은 안 되셨기 때문은 아니었을까 나중에 나 혼자 추측해 보았다. 그래서 그러셨는지 1982년 화곡동에 교회를 개척하시고는 교회 문을 열어두셨다. 누구나 언제든지 예배당에 와서 기도하기를 원하셨다.

  화곡동 시장 안에 위치한 지하실 교회에서 매일 저녁부터 새벽까지 기도하셨고, 누구도 눈여겨볼 것 같지 않은 그곳에 하나님이 발걸음을 인도하셔서 한 분, 두 분 찾아오기 시작했다. 그때 처음 찾아오신 분들이 지금은 권사님이 되셔서 아직까지도 매일 오후면 예배당에 모여 엄마랑 함께 기도하시니 참으로 고맙고 감사하다. 학생들에게도 아침에 학교에 갈 때나 수업 끝나고 집에 갈 때, 직장에서 퇴근할 때 언제든지 와서 기도하고 가라 강조하셨다. 그렇게 몇 년을 하루도 안 거르고 밤 11시가 넘으면 예배당으로 가셔서는 새벽 예배를 드리고 아침 6시면 집으로 오셨다. 대입 시험을 치르고는 나도 매일 엄마 손을 잡고 함께 지하 예배당으로 가서 함께 기도하고 새벽 예배를 마치면 엄마 손을 잡고 집으로 오곤 했다.

그러는 사이 여러 가지 이유로 예배당은 지하실에서 다른 반지하로, 다시 3층으로 이사했고, 혹시나 아무도 없어서 잠글 때를 대비해서 성도들에게 교회 열쇠를 모두 나누어 주셨다. 언제든지 문 열고 들어 와서 기도하라고. 가끔은 아침에 일어나 예배당에 가보면 언제 와서 잠들었는지 예배당에서 잠든 교인이 있었다.

건강하지 않은 가정이 많은 교회이다 보니 한밤중에 술에 취해 들어와 폭력을 행사하는 남편, 아버지를 피해 예배당으로 와서 잠을 자는 학생, 늦게 퇴근하고 집에 가는 길에 예배당에 들러 기도하고 가는 청년이 많았다. 그런 성도들을 위해서 부엌에는 전기밥솥에 밥도 항상 준비해 두셨다. 언제든 누구나 들어와서 김치찌개에 밥을 먹을 수 있었고, 라면을 끓여 먹게 준비해 두니 중고등부 학생들이 일 년 열두 달 예배당에서 놀고, 먹고, 모여서 탁구를 치거나 학교 운동장으로 가서 축구나 농구를 하고 늦어지면 또 예배당으로 와서 잠을 자고 아침에 집으로 가곤 했다.

믿지 않는 부모님들도 교회에서 먹고 자는 줄 알고 있기에 오히려 안심하며 보내셨다. 엄마는 "놀아도 예배당에 와서 놀아라." 하시며 탁구대도 사다 놓으시고, 학생들이 책을 읽었으면

그래, 그럴 수도 있지

해서 책을 사다 놓기도 했다. 교회에 오면 어쨌든 예배당이니 기도하고, 싸우더라도 금방 언제 그런 일이 있었나 싶게 축구하러 나가고, 주말이면 빗자루 들고 예배당을 청소했다.

물 흐르듯 시간이 흘러가면서 아이들은 청년이 되고 장년이 되었다. 그리고 이런저런 이유로 계속 함께하지 못하지만 어디선가 말씀 안에서 살고 있다는 소식을 듣는다. 신학을 하고 목사 안수를 받고 목회를 한다는 소식을 들으면서 주일학교 때, 학생회 때의 모습이 떠올라 미소 짓게 된다. 그리고 여전히 예배당을 찾아 고단한 삶을 기도하며 말씀에 의지하면서 하루하루 하나님이 주신 은혜로 살고 있다는 것이다.

무엇보다 지금까지 공동체에서 어려서는 주일학교 학생이었고, 청년이었으며 지금은 성인이 되어 섬기시는 분들에게 감사드린다. 대부분 큰 예배당에 가서 편하게 예배드리기를 원하는 이때에 작은 공동체에서 묵묵히 예배를 준비하고 섬기는 그 마음이 참으로 귀하고 아름답기 때문이다.

내 집은 기도하는 집이라 하신 말씀 따라 기도하는 집을 찾는 그 발걸음, 열려 있는 예배당에서 언제든 찾아가 기도하던 습관이 아닐까 생각해 본다. 우리 주님이 새벽 미명에 습관처럼 한적한 곳을 찾아 기도하신 것처럼 말이다.

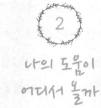

2

나의 도움이
어디서 올까

엄마는 신앙이 없는 안 믿는 결혼이 얼마나 힘든지를 삶으로 보여 주신 분이시다. 물론 신앙이 다르다고 해서 모든 분이 엄마처럼 힘들게 사시는 것은 아님을 안다. 대부분 서로 대화를 하거나 타협점을 찾아서 절충하며 사시는 분들도 많기 때문이다. 또한 같은 신앙을 가졌다고 해서 갈등이 없는 것도 아니며, 같이 한 하나님을 믿고 예배를 드려도 심각한 갈등으로 힘들어 하는 사람들도 있다.

언니랑 내가 대학에 들어가고 남자친구를 사귈 나이가 되자 엄마는 귀에 딱지가 앉게 말씀하셨다.

"난 남대문 시장 절뚝발이 지게꾼도 좋다. 겸손히 하나님 잘 믿고 우리 딸들 그저 귀히 여기는 사람이면 난 아랫목에 앉혀 두

그래, 그럴 수도 있지

고 내가 큰절 할 거다."

"너희는 결혼해서 둘이 많은 이야기를 할 수 있는 사람하고 결혼해라. 얘기하다 보니 어느새 시간이 훌쩍 지나 아침이 오네 할 정도로 얘기하는 것이 재밌고 대화가 즐거운 그런 사람하고 결혼해라."

아빠랑 살면서 가장 힘든 부분이어서 우리에게 그렇게 말씀하셨다.

부모님 두 분이 극명하게 다른 부분은 어떤 어려움이 닥쳤을 때 대처하는 모습이다. 문제가 생기면 아빠는 아는 사람을 찾아가고, 전화를 하고, 말 그대로 초등학교 동창부터 모든 인맥을 동원했다. 엄마는 문제가 생기면 그때부터 예배당 강대상 앞에 엎드려 기도하셨다. 뒤에서 들으면 어떤 문제로 왜 기도하시는지 알 수가 없었다. 내가 들을 수 있는 말은 그저 "아버지~ 아버지~"라는 말이었고, 간혹 웅얼거리는 작은 소리가 들리기는 했지만 분명하지 않아 알아들을 수가 없었다. 기도만 하시는 엄마를 보고 답답하다며 세상을 모른다고, 사회가 그렇지 않다며 아빠는 화내시고는 밖으로 나가셔서 돈을 써 가며 사람을 만나고 다니셨다. 그렇게 며칠이 지나면 어느 날 저녁 식사 시간에 문제 해결하셨다며 말씀하시곤 했다.

"동창 OO의 동생 친구가 변호사인데, 같이 근무하시는 선생님 동서의 선배가 공무원으로 그 일 담당자인데." 하시면서 곧 해결될 거라며 의기양양해 하셨다. 하지만 언제나 아빠는 돈만 빠져 나가고 결국 일을 해결한다며 빚을 지고 그 빚은 우리 가족에게 고스란히 남겨졌다.

어려운 문제는 언제나 생각지 못한 곳에서 해결이 되었다. 엄마가 금식하며 기도하는 중에 전혀 연관이 없는 사람이 방문하면서, 몇 년 만에 갑자기 생각났다며 전화를 주신 분을 통해서 말이다. 그리고 무엇보다 어이없는 것은 그냥 환경을 통해서 자연스럽게 해결되는 것이었다. 그런 모든 것을 보고 자란 우리 삼 남매는 어떤 일이 생겨도 사람먼저 찾거나 전화를 하거나 하지 않는다. 모든 것이 부질없음을 너무나 잘 알고 있기 때문이다.

1994년 가을, 남동생이 기O 기업에 원서를 넣었고 합격했다는 연락을 받았다. 남동생은 인천대학교를 졸업했기에 우리 모두 아마도 울산공장으로 가지 않을까 하며 걱정을 했다. 왜냐하면 남동생이 교회에서 청년들과 중고등부 교사로 섬기고 있었기 때문이다. 이때 남동생이 하나님께 기도했다.

"주말마다 교회에서 섬길 수 있는 곳으로 보내 주세요. 만약 울산으로 가게 되면 직장을 포기하겠습니다."

그리고 며칠 뒤, 저녁 식사 시간에 아빠가 들뜬 목소리로 말

그래, 그럴 수도 있지

씀하셨다.

"원일아, 걱정 말아라. 아빠 학교 주임 OOO의 남동생이 기O 인사과에 있다고 해서 부탁을 했다. 3백만 원이면 소하리(좀 힘들어도 주말에 왔다 갔다 할 수 있는 곳이다) 공장으로 보내 줄 수 있다고 했어."

아빠는 아들을 위해 엄청 대단한 일을 하신 뿌듯함으로 말씀하셨는데, 남동생은 밥숟가락을 내려놓고는 화를 냈다.

"아빠는 믿음으로 기도하며 하나님의 응답을 기다리는 아들의 인생을 망치려고 합니까?"

당연히 아빠는 엄청 분노하셨다.

"네가 세상을 몰라서 그렇지 세상 그렇게 사는 게 아니다. 예수가 밥 먹여 주냐. 세상은 사람 관계로 돌아가는 거다. 내가 이만큼 해 줬는데도 싫다면 너 혼자 네 인생 살아라."

화가 나신 아빠는 소리소리 지르시다가 화살이 엄마에게 향했다. 당신이 애들 잘못 키워서 결국 애들 인생까지 망치게 되었다. 어디서 아버지가 말하는 데 숟가락 놓고 나가냐. 다 네가 잘못 가르쳐서 그렇다. 본인 화가 풀릴 때까지 계속 되었고, 엄마랑 나는 그냥 바닥만 보고 앉아 있었다. 그날 밤도 엄마는 예배당으로 가셨다.

그리고 발표 날, 전화가 왔다. 그저 기도하고 기도하며 기다렸는데 여의도 본사 수출부 발령이란다. 좋은 명문대학 출신도 소하리나 울산 등 지방 발령인데 이 모든 것이 너무나 작고 연약한 교회를 섬기는 남동생에게 계속 중고등부랑 청년들을 섬기라는 하나님의 음성이었다. 남동생은 "이래서 하나님은 멋진 분이야." 고백했고, 우리 가족 모두 하나님을 찬양했다.

사실 남동생은 그전에 이미 신입사원 합숙 연수 기간 중 자기소개 시간에 공개 고백을 했다고 한다. 모두들 나와서 출신 대학을 말하고 자기의 장점과 독특한 경험. 능숙한 제2 외국어를 말하는데 사실 남동생은 내놓을 것이 없었다. 해외 언어 연수도 다녀온 적이 없고, 명문대학도 안 나왔고, 특별한 것이 하나도 없었다. 순서가 되어 앞으로 나간 남동생은 말했다.

"전 출신이 다릅니다."

그 순간 강당 안에 정적이 돌았단다. 다들 '뭔 소리야? 낙하산이야?'라고 생각할 때 "저는 신의 아들입니다. 저는 하나님을 믿는 하나님의 아들입니다." 라고 했단다. 다음날 식당에 앉으면 누군가가 식판을 들고 와서는 "어디 신의 아들하고 밥 한 번 먹어 볼까?" 하며 같이 앉고, 주일이 되니 남동생 방으로 성경책을 들고 찾아오는 사람들이 있어서 함께 예배를 드렸다고 한다. 남동생의 믿음은 쉬지 않고 기도하며 삶으로 실천한 엄마의 유산이었다. 우리는 지금도 어려운 일이 생기면 세상이 아닌 하나님으로부터 온다는 것을 알기에 기도부터 한다. 엄마처럼. 하나님의 도움을 받으면 사람을 통해 도움을 받는 것보다 좋다.

많은 사람이 힘 있는 사람을 찾아다니며 고개를 숙이고 부탁한다. 그리고 일이 성사되면 감사의 선물을 어느 정도 선에서 뭘 해야 하나 고민하고 그 선물을 들고 가는 손이 부끄러울 텐데 하나님의 도우심으로 일이 성사되면 그런 과정이 생략되는 것이다. 물론 하나님도 사람을 통해서 일하신다. 하지만 그 방법은 분명 다르다. 하나님은 우리를 사랑으로 인격적으로 존중하시며 일을 하시기 때문이다. 참으로 고마우신 하나님이시다. 그저 우리가 하나님을 향해 기도하며 도움을 청하는 그것만으로 기뻐하시는 분이시라서, 그런 하나님을 삶으로 보여 주신 엄마에게 감사드린다.

기도하며
다시 시작하자

대부분의 목사님들이 성도들을 향해 "사랑합니다."라고 말씀하신다. 진심일 것이다. 사랑하는 성도들이니까. 엄마의 성도 사랑은 특별했다. 자식 같은 그런 마음이 아니셨을까 생각해 본다. 그러기에 한없이 주고 또 주고 하신다. 많은 목사님, 특히 대형 교회 목사님들이 받는 것에 익숙하다면 작고 가난한 교회의 가난한 목사인 엄마는 힘든 성도에게 주고 또 퍼 주고 하는 것이 삶이었다. 하지만 그분들이 잘 살게 되고 편한 삶이 되어 여러 가지 이유로 떠나셔도 잘됐으니 괜찮다 하셨다. 하지만 단한 가지 부탁을 하셨다.

"할 수만 있으면 작은 개척 교회에 가서 하나님이 주신 건강과 물질과 시간으로 봉사하세요."

지금도 청년들이나 교인들에게 말씀하신다. 몇 명 안 되는 교인들이지만 혹시나 교회를 떠나 옮겨야 한다면 꼭 말씀하신다.

"꼭 대형 교회 말고 작은 교회에 가서 충성하세요. 그곳에 가서 말없이 섬기면 하나님이 절대 잊지 않는답니다."

엄마는 심방을 해도 함께 심방하신 분들이 고마워서 엄마가 저녁 식사를 사 주시며 오늘 함께 하니 너무 고맙고 좋았다며 진심으로 행복해 하셨다. 함께 다니며 예배드리니 너무나 그 시간이 좋으셨던 것이다.

또 경제적으로 가난한 성도들을 보면 어떻게 하면 좀 허리 펴고 살게 할까 매일 예배당에 엎드려 그 가정들을 위해 금식하며 기도하신다. 기도만 하시는 것이 아니라 현실로 어떤 응답이 이루어지나 항상 깨어서 예민하게 살피시고 행하셨다. 한번은 빚잔치를 하고 길거리에 나앉은 성도 가정을 위해 사람을 불러서 예배당 한쪽 계단 경사진 곳을 막아 방을 만들었다. 그곳에서 다섯 가족이 살았다. 그 가족은 예배당 한쪽을 막아서 만든 방에서 살면서 아이들은 학교에 가고, 식당 일을 하시면서 조금씩 일어설 준비를 하셨다. 예배당 들어설 때마다 그 성도 가족을 보면서 엄마는 간절한 마음으로 기도하고 또 기도하셨다. 본인이 잠잘 곳 없어 예배당에서 철야하며 앞이 안 보이는 막막함에 금식하며 보낸 시간을 생각해서 더 간절한 마음으로 그 성도 가정이 회복되어 잘되기를 기도하고 또 기도하셨다. 그리고 그 성도 가정의 회복을 위해서 기도만이 아니라 엄마는 현실적인 회복의 방법 또한 함께 의논하며 이루어 나가셨다.

큰이모 가족이 살기 막막하셨을 때도 엄마는 서울로 오시라 하셔서는 지하 예배당 한쪽에 작은 방 2개에 한 사람 움직일 만한 부엌을 만들어 살게 하셨다. 큰이모 가족은 몇 년을 그곳에 살면서 예배당 청소를 하셨고, 큰딸이 남긴 손자, 손녀를 키웠다. 이모는 여유가 없으셨기에 무엇이든 온전한 것이 생기면 잘 보관했다가 예배드릴 때에 대접하곤 하셨는데 어느 날 예배 중에 성령님이 정성을 받으셨다는 감동을 엄마에게 주셨다. 그때부터 엄마는 만나는 사람과 환경을 예민하게 바라보셨다고 했다. 마침 아빠가 근무하시던 섬에 물품을 기부하러 가셨다가 상이용사협회 회장을 만나게 되었고, 그 만남으로 너무 오래되었기에 불가능할 줄 알았던 큰이모부의 상이용사 회원 카드를 받게 되었다. 그 카드로 인해 큰이모네는 임대 아파트가 나왔고, 막내아들의 신학대학 등록금을 지원받게 되었다. 무엇보다 큰 도움은 의료혜택이었다. 큰이모가 혈액암으로 돌아가실 때까지 그리고 큰이모부가 돌아가실 때까지 혜택을 받았다. 하나님께서는 과부의 두 렙돈 같은 큰이모의 섬김과 헌신을 돌아봐 주신 것이다.

술만 먹으면 폭력을 휘두르는 남편과 사는 성도를 위해서 엄마는 예배당 문을 밤에도 열어 놓으셨고, 새벽에도 슬리퍼 신고 도망나온 분과 함께 밤새 기도하셨다. 그때마다 엄마는 금식을 함께하셨다.

내가 기뻐하는 금식은 흉악의 결박을 풀어 주며 멍에의 줄을 끌러 주며 압제 당하는 자를 자유하게 하며 모든 멍에를 꺾는 것이 아니겠느냐 또 주린 자에게 네 양식을 나누어 주며 유리하는 빈민을 집에 들이며 헐벗은 자를 보면 입히며 또 네 골육을 피하여 스스로 숨지 아니하는 것이 아니겠느냐 그리하면 네 빛이 새벽 같이 비칠 것이며 네 치유가 급속할 것이며 네 공의가 네 앞에 행하고 여호와의 영광이 네 뒤에 호위하리니 네가 부를 때에는 나 여호와가 응답하겠고 네가 부르짖을 때에는 내가 여기 있다 하리라(사 58:6-9).

엄마의 삶은 금식과 기도였다. 성도의 아픔과 힘듦을 함께 금식하며 기도하시면서 보낸 시간이었다. 예배당은 건물 지하거나 2층이거나 작은 예배당이었지만 하나님을 찾는 성도와 함께 밤이면 불이 꺼지지 않았다. 이사야서 말씀처럼 엄마의 금식 기도하는 그 시간에 육신의 병이 나았고, 마음의 병이 치유되고 성령님의 일하심을 매일 경험하는 귀한 시간이었다.

가끔 한국을 방문할 때면 화려하고 웅장한 예배당을 많이 보게 된다. 저렇게 화려하고 멋지고 웅장한 예배당에 아무 때나 들어가서 기도할 수 있을까? 그러다 작은 건물의 지하나 2층에 있는 불 켜진 예배당을 보면 나도 모르게 저곳에서 어쩌면 내일이 막막해서 죽고 싶은 그런 심정으로 기도하시는 분이 계시지는 않을까 생각하게 된다. 내일이 오는 것이 두려울 정도로 힘든 사람들은 화려하고 웅장한 멋진 예배당 문을 열고 들어가기 힘들 것이다. 그래서 난 작고 작은 예배당도 있어야 한다고 생각한다. 힘들고 지친 사람들이 조용히 문을 열고 들어가 힘듦을 토해 낼 수 있는 그런 예배당이 많았으면 좋겠다. 그런 분들을 품어 줄 수 있는 어미의 마음을 가진 목회자들이 많았으면 좋겠다.

언젠가 예배시간에 엄마는 내가 찾아가 기도할 수 있는 예배당이 있다는 것이 얼마나 큰 축복인지에 대해서 설교하셨다. 해외에서 세든 예배당에서 신앙생활을 해야 했던 나는 그 심정을 충분히 이해한다. 집에서 청소하고 혼자 기도하지만 가끔은 조용한 예배당에 들어가 속에 있는 모든 것을 쏟아 놓고 싶은 간절함을 여러 번 느꼈기 때문이다. 그때마다 관리하시는 분에게 2주, 3주, 길게는 3개월 정한 시간에 문을 열어 달라 부탁해서 기도하곤 했었다. 나 때문에 예배당 문을 열어 주시는 분에

게 미안했고 고마웠었다. 언제든 찾아가서 조용히 하나님 앞에
나 자신을 내려놓고 돌아볼 수 있는 예배당이 있다는 것은 정말
감사한 일이다. 엄마는 오늘도 예배당에 올라가신다. 오늘 지금
이 시간 기도해야 할 성도들이 또 있기 때문이다.

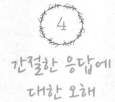

간절한 응답에
대한 오해

엄마의 삶을 곁에서 보면서 느낀 것이 있다. 우리가 간절함을 담아 긴 시간 기도하고 있는데도 아직 어떤 변화가 안 보인다면 그건 우리의 기도가 부족해서가 아니라는 것을 알았다. 우리의 헌신이나 하나님 앞에서 어떤 서원을 하지 않아서가 아니다. 나머지는 하나님의 영역인 것이다.

엄마의 삶 속에서 아빠가 그랬다. 40일 금식기도를 두 번이나 하시고 평생 아빠를 잡은 손을 놓지 않으셨다. 하지만 일반적으로 사람들이 바라는 그런 응답은 없었다. 신실하고 겸손한 신앙심 깊은 장로님으로 변하지도 않으셨고, 옛일을 후회하시며 가정적으로 변하지도 않으셨다. 세월이 흘러 연세드셨고, 치매가 심해지셨다. 그렇다고 하나님이 엄마의 기도를 들어주지 않으

그래, 그럴 수도 있지

신 것은 아니었다. 만약 우리 뜻대로, 내가 원하는 결과대로 해 달라 끈질기게 기도를 한다면 그것은 기도를 가장한 억지이며 떼를 쓰는 것이고 그 결과는 나의 기도 응답이라는 면류관이 되어서 머리 위에 얹고 다니며 자랑거리가 될 것이다.

간절한 기도에 대한 응답이 우리가 상식적으로 생각하고 바라는 것이 아니라고 해서 내 기도가 부족해서, 내 믿음이 부족해서, 내가 하나님 앞에서 물질이나 삶을 서약하지 않아서라고 탓하지 말아야 한다. 또한 함부로 이렇게 해 봐라, 저렇게 해 봐라 충고를 해서도 안 된다. 하나님은 굿을 하거나 부적을 쓰듯 그렇게 달래는 하찮은 신이 아니시기 때문이다. 하나님은 천하보다 귀하다고 표현하신 한 사람을 위한 계획이 분명이 있으시고 그 일을 이루어 가고 있는데 우리는 우리에게 익숙한 긍정적 변화가 있어야만 기도 응답이라고 생각한다.

내가 제일 싫어하는 충고가 있다.

"사울이 바울 되듯 그렇게 바울 같은 사람이 될 거야."

안 믿는 남편이나 신앙생활을 하는 아내를 힘들게 하는 남편, 밖으로만 돌면서 다른 여자랑 바람피우고, 무책임해서 가족을 돌보지 않는 남편, 무능력해서 본인 손으로 생활비 한번 벌어본 적 없는 남편들을 향해서 "바울처럼 언젠가는 될 거야."라고 한다. 오랜 시간 기도해도 변하지 않는 아들을 신학교에 보내면 사울이 바울 되듯이 분명 하나님께 크게 쓰임 받을 것이라고 말을 한다. 사울에 대한 오해와 사도 바울에 대한 무지에서 나온 어이없는 비교이다. 사울이 바울이 된 것은 온전히 하나님의 특별한 계획하심이었고, 그랬기에 바울은 하나님께 온전히 바치는 삶을 살 수 있었던 것이다. 바울의 삶은 신앙인들이 본받고 따르고자 하는 삶이지만 절대로 쉽지 않은 삶이다. 그런데 우린 너무나 쉽게 말한다. "사울이 바울 된 것처럼 그렇게 하나님이 바울처럼 쓰실 것이야."라고 말이다.

또 내가 동의하지 않는 충고가 있다.

"여자하기 나름이야. 애교도 부리고 잠자리도 신경 써서 잘해 봐."

본인들은 그런 방법이 통했는지 모르지만 함부로 그런 충고는 하지 말아야 한다. 선교사나 사모님들 중에서도 그런 충고하고 그런 충고를 받은 사람은 더 상처를 받고 마음 문을 닫아 버리게 된다. 어떤 선교사님은 충고해 주시기를 남편이랑 여관이나 호텔에 정기적으로 가라고 그럼 바뀔 거라고 했다는 말에 더 상처를 받으셨다. 남편에게 매를 맞으면서 참고 또 참다가 도망 나온 분에게 이야기를 다 듣더니 "더 많이 맞으면서도 참고 사는 사람도 있어요."라고 했다는 말을 듣고 함께 분노했던 적이 있다. 본인의 딸이 사위에게 그리 맞고 도망 나왔다면 절대로 그런 충고는 하지 않았을 것이다.

차라리 입을 벌려 함부로 충고를 하지 않는 것이 낫지 않을까. 손을 잡고 함께 울어 주고 가슴 아파하며 "어떻게 하면 좋아요, 힘들어서. 도움이 못되어서 미안해요."라고 하는 것이 오히려 낫지 않을까? 나쁜 녀석이라고 내가 가서 때려 주겠다며 함께 화를 내주는 것이 낫지 않았을까 생각이 들었다. 그런데 인간은 조금이라도 가르치려 드는 교만한 습성이 있다. 또 내가 경험한 하나님이 전부인 것이라 착각을 하고 그렇게 하면 안 된다고, 이렇게 해야 하나님이 듣고 응답을 한다고 참으로 용감하게 충고를 한다.

내가 고등학생이고 언니가 대학생이었을 때, 엄마에게 아빠랑 이혼을 하면 어떻겠느냐고 말씀드린 적이 있었다. 그때도 아빠는 밖으로만 돌면서 빚을 계속 지셨고, 그 빚을 갚느라 힘들 때였다. 사업을 하시거나 사기를 당하는 것이 아니었다. 보증 잘못 서서 입은 옷만 가지고 시골 내려간 뒤에는 보증은 안 서셨다. 그런데 이상하게 아빠는 돈이 빠져나갔다. 본인도 잘 모르게 큰돈이 어딘가로 안개처럼 사라졌다. 교육공무원이라서 은행에서 이렇게 저렇게 대출 받아 사용한 큰 액수의 은행 빚이 몇 년 주기로 나타났고, 아빠를 대신해서 은행에서 우리를 괴롭혔다. 3천만 원 갚고 2년여 조용히 지나가면 갑자기 4천만 원의 빚이 나타나고, 힘들게 힘들게 갚고 나면 또 2천만 원의 빚 독촉장이 날라 오곤 했다. 그때 엄마가 우리에게 미안하다고 말씀하셨다. 엄마도 하나님 앞에서 기도하시며 너무 힘들다 하셨는데 그날 꿈에 하얀 옷자락 밑에 맨발인 분이 오시더니 나무 밑에서 자고 있는 아빠를 안으시면서 "내가 사랑하는 자다." 하시는 꿈을 꾸셨고 그래서 이혼은 할 수가 없다 하셨다.

"내가 너희들 안 힘들게 아빠 챙기고 아빠 먼저 보내고 그 다음에 내가 정리하고 따라 가마."

그 뒤로 우리는 아빠에 대해서 엄마에게 원망을 하거나 화를 낼 수가 없었다. 아빠는 돌아가실 때까지 남동생을 힘들게 했고, 언니랑 형부에게 많은 상처를 주셨다. 우리가 간절히 기도하며 바라던 응답은 아니었지만 시간이 지나 뒤돌아보니 우리는 아빠로 인해 더 기도하고 말씀 안에서 깨어 있으려 노력했다. 하나님을 더 신뢰하게 되었다.

엄마가 헝가리에 있는 우리 집에 짧게 방문하신 적이 있으셨다. 온전히 우리 집에 예배를 드리기 위해 닷새간 오셨었다. 그때 참 많이 힘든 분이 상담을 하러 오셨을 때, 엄마는 이야기를 다 들으시고 두 가지를 말씀하셨다.

첫째는 절대로 울지 말라고 하셨다. 특히 아이들 앞에서 울지 말라고 하셨다. 그때 알았다. 엄마는 우리 앞에서 우신 적이 없으셨다. 오히려 엄마로 인해서 우리가 많이 웃으며 자랐다. 내 기억 속에 우린 참 많이 웃었다. 엄마가 말씀해 주지 않아도 분위기로 긴장하고 불안해 할 우리를 위해서 엄마는 작은 일에도 감사하며 즐거워 하셨다.

둘째는 사춘기 아이들이 아빠랑 떨어져 살게 된 것을 오히려 감사하라고 하셨다. 계속 아빠랑 살면서 긴장 속에서 아이들이 밖으로 나돌거나 참고 사는 엄마를 보면서 처음에는 엄마를 불쌍해 하다가 원망할 수도 있는데 아빠가 스스로 나갔으니 이제 엄마가 말씀 안에서 바르게 신앙교육을 시키면 된다고 말씀하셨다. 하나님이 이 아이들을 사랑하시기에 엄마의 바른 신앙교육을 위해서 아빠 스스로 떠난 것이니 남편이 무책임하게 가족을 버리고 떠난 것에 원망하지 말고, 아이들하고 밝고 건강하게 지내라고 하셨다. 언제고 남편이 돌아온다면 지금 이 시간이 아이들하고 함께 믿음 안에서 기도하며 긴장감 없이 지낼 수 있는 소중한 시간인 것이다.

그동안 그분에게 많은 선교사님과 목사님이 충고를 하셨는데 그것과는 너무나 다른 말씀을 하셨다. 다른 분들은 아빠가 필요하니 엄마가 잘해라, 엄마하기 나름이니까 아빠 비위 잘 맞춰서 아빠랑 아이들이 잘 지내게 해라, 여자하기 나름이니 애교도 부리고 예쁘게 해서 남편 기분 좋게 해라, 기도가 부족하니 더 하나님께 금식하며 기도해라, 분명 안에 교만함이 있어서 남편이 그런 것이니 더 겸손하라고 했다.

모든 충고가 그분에게 문제가 있고, 그분에 의해서 남편이 변화될 것이라는 가슴 아픈 찌르는 충고들뿐이었다. 엄마를 만나고 돌아가시면서 마음의 짐이 덜어졌다며 가벼운 마음으로 웃으시며 가셨다. 그리고 정말 아빠가 떠난 뒤에 몇 번을 아빠가 문 열고 들어오는 악몽을 꾸던 아이들이 조금씩 편안해졌고 안정되면서 학교 성적도 오르고 밝아졌다. 엄마의 신앙 안에서 아이들은 기도하며 하나님과의 관계도 더 깊어졌다.

지금 나의 아픔과 풀리지 않는 문제 등을 하나님 앞에 기도로 아뢰기를 중단하지 말아야 할 것이다. 하지만 우리가 기대하고 바라는 결과를 조급하게 바라면서 기다려서도 안 될 것이다. 기도로 아뢰는 것은 우리가 해야 할 일이고 과정과 결과는 하나님의 영역인 것이다. 시간이 지나 우리의 기도를 들으시고 하나님이 하신 일을 보게 될 때 그 기쁨이 너무 커서 온몸에 전율이 느껴진다. 좁은 소견의 우리가 바라는 응답 이상의 멋진 응답이기 때문이다. 누구는 좋고 누구는 벌을 받는, 상처받는 그런 것이 아닌 모두에게 하나님이심을 알게 하시는 멋진 결과이기 때문이다. 항상 쉬지 말고 기도할 일이다. 그리고 기뻐하며 모든 일에 감사하며 기다릴 일이다.

5

엄마의

기도

항상 예배당에서 기도하시는 엄마지만 엄마의 기도소리를 들으면 알 수가 있었다. 어떤 내용을 들어서가 아니다. 평상시처럼 "아버지~ 아버지~." 하는 기도지만, 그냥 일상적인 기도를 하시는지 아니면 무슨 문제가 있는지 알 수 있었다. 그런데 금식을 하시면서 강대상에서 안 내려오실 때면 큰일이 생긴 것이었다. 엄마 혼자 난방도 안되는 교회 강대상에 엎드려서 기도하는 모습이 속상해서 무슨 일인지 모르지만 난 뒷자리에 조용히 앉아 있다가 발 시리고 손 시리면 살짝 나가곤 했었다.

그때 엄마의 기도는 단 한마디였다.

"아버지~ 아버지~."

잠시 조용한 듯 했다가 이어지는 "아버지" 소리. 엄마가 추운 겨울 강대상에 엎드려 밤새 부르는 아버지는 내 귀에는 침묵으로만 들렸다. 시간이 지나면 엄마가 왜 그렇게 힘들게 고통 속에서 하나님 아버지를 부르셨는지 알게 되었다. 내 귀에는 침묵으로 들렸던 것은 그렇게 기도하시고 내린 엄마의 결정 때문이었다. 밤새 그렇게 하나님을 찾고 억울함에 울면서 수도 없이 아버지를 불렀다면 그 아버지가 정의와 공의의 재판장이 되어서 해결해 주셔야 하는데 현실에서는 그렇지 않았기 때문이었다.

교회에서 생활비랑 신학대학 등록금을 지원하던 전도사가 엄마가 지방부흥회 다녀오는 사이에 교회 전세 계약서를 본인 이름으로 바꾸었을 때도 엄마는 강대상에 엎드려서 금식하며 기도하셨다. 제직들은 재판을 해서 돌려받아야 한다고 모두들 입을 모았지만 엄마는 신문에 교단을 탈퇴한다는 기사를 내고, 제직들을 설득해서 전세금만큼의 돈을 마련해 전도사 손에 들려서 내보냈다. 그 전도사님은 전혀 미안해하거나 죄스러워하지 않고 가족들을 데리고 그 돈을 가지고 떠났다. 나중에 이유를 들으니 여자 전도사가 개척한 교회는 축도권이 없기에 꼭 남자 목사님을 모셔야 하며 교단에서는 자기를 그 교회 목사로 내정했고 그러니 당연히 그 교회는 자신의 것이나 마찬가지라는 것이었다. 교단에서 그 전도사님을 그렇게 충동한 목사님도 함께

한 일이었다.

　지금과 달리 1980년대는 여자 전도사님들에게는 아무 권한이 없었다. 한동안 교회는 재정적으로 힘들었지만 오히려 교회는 더 성장했다. 중학생이었던 나는 왜 하나님은 침묵하셨을까? 엄마는 왜 그 많은 돈을 줘서 내보냈을까? 이렇게 우린 힘든데, 그 일로 아빠의 분노는 엄청나게 컸고, 그 일로 속상했지만 시간이 지나 내가 교회에서 제직으로 섬기면서 엄마가 기도하시고 결정하신 일이 옳다는 것을 알게 되었다.

　어느 날은 지방으로 집회를 다녀오시더니 우리가 사택을 비우고 이사를 가야 한다고 하셨다. 교회 건너편 건물 2층으로 이사하고 우리가 살던 사택에는 집회 갔다가 만난 산골에서 목회하시던 목사님 가족을 모시고 오신 것이다. 아이가 넷인 목사님은 산골에서 3-4분 어르신들과 예배를 드리셨는데 어린 아이들 넷 데리고 우물가에서 빨래하고 가마솥에서 밥하시는 사모님의 고생하시는 모습이 안타까워 엄마가 우리 교회로 초빙하신 것이다. 게다가 막내가 장애가 있어 교육을 시키기 위해서는 서울로 와야 한다고 생각을 하셨다고 나중에 말씀하셨다.

　우리가 이사 나간 사택에 엄마는 도배도 새로 하시고, 큰딸 시집보내듯이 세탁기, 냉장고, 텔레비전 등 가전제품을 모두 새 걸로 장만해 주셨는데 사모님은 세탁기를 보시고 눈물을 보이셨다. 한겨울에도 찬 우물 물로 빨래하고 쌀 씻어 밥 짓고 하셨 단다. 아이들은 텔레비전 없는 방을 쓰는 것에 좋아했다. 나에 게는 아이들을 데리고 영화관을 다녀오라는 숙제가 내려졌고, 난 세 명의 아이들을 데리고 부천에 있는 영화관에 가서 슈퍼맨 을 봤다.

사람의 감사는 거기까지였다. 편안해지면 다른 것이 눈에 들 어오고, 귀에 들리게 된다. 2년이 지나니 욕심으로 바뀌었다. 교 회를 목사님께 맡기고 부흥회를 주로 다니시는 엄마에게 크리 스마스 예배를 드리고 난 다음날 떠나 달라 요청을 하셨다. 이 제부터 본인이 혼자 목회하고 싶은데 전도사님이 계시면 성도 들이 본인보다 전도사님을 더 따르니 힘드시다는 거였다.

엄마는 단 한마디도 우리나 성도 누구에게도 말씀하지 않으 시고 예배당 강대상이 아니라 기도원으로 올라가셔서 금식하며 기도하고 내려오셔서는 우리에게 말씀하셨다. 이제부터 이사할 때까지 잠시 다른 교회에서 예배드리라고 하셨다. 우리 중 어느 누구도 왜 떠나야 하냐고, 어디로 이사를 갈 거냐고, 아니면 전 학 가기 싫다거나 하는 말을 하지 않았다. 할 수가 없었다. 엄마 의 금식 기도와 표정으로 이미 의미 전달을 하신 거였다. 그때 언니는 고등학교 3학년이었고, 난 고등학교 2학년, 남동생은 중 학교 2학년이었다.

아빠는 왜 교회를 떠나야 하느냐며 엄마에게 화를 내셨고, 그 목사에게 교회를 왜 넘기느냐고, 목사를 내보내라며 많이 힘들어 하셨다. 그때 그 상황은 아빠에게 많이 힘든 시간이었다. 언니랑 나는 좀 떨어진 교회에서 학생회 예배를 드렸고, 엄마는 기도하시며 개척할 곳을 찾으셨다. 서울 지도를 놓고 아는 사람 하나도 없는 곳을 고르고 골라 정말 아는 사람 하나도 없는 화곡동으로 이사했다. 고등학교 3학년인 나에게 학교 가는 아침에 주소랑 버스 번호 적인 종이 하나 주시며 "학교 끝나면 이곳으로 찾아와라." 한마디 하셨다.

나중에 들은 엄마의 설명은 이랬다. 엄마가 여자 전도사라서 축도권(예배 마칠 때 목사님이 두 손을 들어 성도들을 축복하는 기도)이 없고 그래서 아무리 여자 전도사가 개척하고 성장시킨 교회라고 해도 성도가 100여 명이 되면 교단에서 남자 목사를 내려보내고 여자 전도사는 떠나기를 요구한다는 것이다. 그것을 아는 목사님이 2년이 되자 엄마보고 떠나 달라 당당히 요구한 것이다. 어려서는 모르기에 힘들어 하는 엄마 옆에서 말도 못하고 눈치만 보던 내가 좀 크니 왜 그런지 알게 되고 돌아가는 상황이 내가 이해할 수 없는 일이었다. 그렇다고 나설 수는 더더욱 없기에 강대상에 엎드려 기도하는 엄마를 뒤에서 보면서 나도 하나님께 기도했다.

"정말 살아 계신 하나님이 맞다면 내 엄마가 저렇게 기도하며 의지하는 하나님이 다 보고 계신 것이 맞다면, 꼭 이 결과를 저에게 보여 주세요. 직접 내 눈으로 확인하게 해 주세요."

고등학생이었던 내 눈에 항상 고생만 하는 엄마가 결국에는 다 뺏기고 빈손으로 이사 가서 또 개척하는 것이 속상했고 익숙한 곳을 떠나 낯선 곳에서의 생활이 싫었다. 언니랑 남동생은 전학을 다녔고, 난 절대로 이사는 가도 전학은 안가겠다고 고집을 부려서 제물포에서부터 서대문 동명여중까지 새벽 국철을 타고 학교를 다녔고 부천에서는 마포에 있는 서울여고로 또 시외버스를 갈아타면서 다녔다. 그랬기에 더 확인하고 싶었다. 엄마가 믿는 하나님이 정말 살아 계신 분이시고 다 보고 계시며 공의의 하나님인 것을 그리고 그 하나님을 엄마가 믿고 있으니 나도 그런 하나님을 믿고 싶었다.

1984년 5월에 엄마가 목사 안수를 받으시던 날, 피아노를 치고 설교 시간에 잠시 나왔는데 부천에서 우리보고 떠나 달라 요청하신 목사님이 밖에 서 계셨다.

"선미 선생님, 전도사님에게 정말 죄송하다고, 잘못했다고 전해 주세요."

엄마가 그 교회를 떠나올 때, 수요일 저녁 예배만 드리러 오시는 장로님을 조심하라고 조언하셨는데, 그 장로님에게 사기

그래, 그럴 수도 있지

를 당해 교회의 모든 재정과 건물을 잃으시고, 성도들도 떠나고, 허름한 가건물에서 머물고 계시다고 했다. 어떻게 2년 만에 그런 일이 일어날 수 있을까 어이가 없었고 안타까웠다.

교회 전세금 가지고 나간 전도사님은 그 돈으로 인천에서 개척을 하셨는데 한동안 잘되는 듯싶던 어느 날 불이 나서 인명피해 없었지만 다 타버렸단다. 소방서에서는 누전이 아니었을까 추측을 했다고 했다. 고등학생 때 했던 그 기도를 나는 잊고 있었다. 하지만 하나님은 잊지 않으시고 일하고 계셨던 것이다.

어느 날, 기도원에서 철야기도를 하고 나오는 데 어떤 분이 엄마를 알아보시며 너무나 반가워하시는데 난 도대체 기억이 나질 않았다. 돌아오는 차 안에서 "OO교회 사모님이시잖아." 하시는 엄마 말씀에 그제야 기억이 났다. 그렇게 말도 안 되는 일로 엄마를 힘들게 하시고 무엇보다 예배당에서 철야 기도를 못하게 하시던 분이었는데 지금은 작은 지하방에서 어렵게 사신다고 하셨다. 그리고 목사님 몸이 많이 불편하셔서 기도원에 올라오셔서 기도하신다고 하셨다. 그때 예배당 문을 잠그지 마시고 함께 기도했다면 얼마나 좋았을까 나 혼자 생각했다.

또 종로서점에서 책을 보시는 엄마를 어떤 분이 알아보시고 "전도사님." 하시며 반가워하시면서 굳이 우리 집까지 오셨다. 내 방까지 보시고 나에게 반갑게 인사를 하시던 사모님. 목사님은 돌아가시고 지금은 보험 영업을 하신다며 아이들 이야기를 하신다. 어렸던 내 눈에 화려한 사모님이셨다. 말도 거칠었는데 그 모습이 온데간데없었다. 무엇보다 엄마를 우연히 만나고 그동안 많이 궁금하고 보고 싶었다면서 진심으로 반가워하시고 기뻐하시는 모습을 보면서 하나님께서 나에게 보여 주시기 위함이라는 것을 알 수 있었다. 그분들이 엄마에게 했던 일을 기억하는 나에게 현재의 모습을 보여 주시면서 난 정의와 공의의 하나님이며, 모두를 사랑하기에 어느 누구도 포기할 수 없는 사랑의 하나님이심을 보여 주신 것이다. 그분들은 지금 고난 중에 연단을 받으시고 계신 것이다. 우리가 지나온 고난의 터널을 그분들은 이제 지나고 계시는 것이다.

우리는 당장 결과 보기를 원한다. 그런데 하나님은 다른 계획이 있으신 것이다. 복잡하게 얽힌 관계 속에서 질서의 하나님은 어느 누구도 다치게 하고 싶지 않을 수도 있다. 스스로 깨닫기를 바라며 기회를 주고 계실 수도 있다. 시간이 지나서 보니 엄마가 기도하며 하신 방법이 옳았다. 그랬기에 기도원 입구에서, 종로서적에서 만난 분이 너무나 반가워 먼저 다가와 아는 척을 하시고, 목사 안수 받던 날 어떻게 알았는지 직접 찾아 오셔서 용서를 구한 것이다. 오래 전 전도사로 섬기던 군산의 교회에서 엄마를 보고 싶다며 초청했다고 한다. 그때 중고등부 학생들이

그래, 그럴 수도 있지

이젠 나이 60이 훌쩍 넘어 모인다고 했다. 언니랑 형부가 엄마를 모시고 군산을 다녀오셨다는 소식을 멀리 헝가리에서 들으며 살아 계신 하나님을 찬양했다.

니희를 박해하는 자를 축복하라 축복하고 저주하지 말라(롬 12:14).
내 사랑하는 자들아 너희가 친히 원수를 갚지 말고 하나님의 진노하심에 맡기라 기록되었으되 원수 갚는 것이 내게 있으니 내가 갚으리라고 주께서 말씀하시니라(롬 12:19).
악에게 지지 말고 선으로 악을 이기라(롬 12:21).

6

시간이 지난 뒤에 깨닫는 하나님의 응답하심
(2008년 12월에 쓴 글)

회사에서 남동생이 밤늦은 시간에(서울은 밤늦은 시간, 헝가리는 점심때쯤?) 전화를 했다.

"아직도 퇴근 안 했어?"

"무슨 퇴근을. 보통 12시 넘어. 새벽 퇴근도 많아."

그러더니 뜬금없이 말을 한다.

"내가 어느 날 출장을 갔다 오다가 갑자기 하나님이 내 기도에다 응답을 해 주셨구나 깨닫게 됐어."

"무슨 응답을? 기도했었어?"

"응. 대학생 때 내가 하나님께 기도했었어. 언젠가 내가 대기업에 다니면서 하얀 내 차를 가지고 비행기 타고 해외로 출장도 다니고 그랬으면 좋겠다고. 그때는 내 기준에서 그게 제일 잘되는 거였거든."

남동생이 그런 생각을 하고 그런 기도를 했다는 것을 몰랐기에 좀 놀랐다. 남동생 대학생 때도 우린 경제적 여유가 있는 것은 아니었다. 그렇다고 너무 어려운 것도 아니었다. 살기는 하지만 은행에 잔고가 있는 것이 아니라 빚이 있어 매달 이렇게 저렇게 통장을 채워 가며 살 때였다. 남동생은 할아버지에게 방을 내 드리고 부엌방에서 잠을 잤다. 엄마, 아빠가 한방, 할아버지가 가운데 방 그리고 내가 끝에 있는 작은 방이었다. 그러니 남동생은 방이 없었다. 그래서 대학 들어가고 1학년 마치자마자 군대를 갔다. 군대가 있는 동안 좀 변화가 있을까 했었다. 하지만 변화는 없었다. 동생이 제대를 했지만 방은 없었다. 그래서 엄마가 교회에서 거의 잠을 잤고 남동생은 아빠 방에서 자거나 아니면 부엌방에서 잤다. 그래도 불평이 없었다. 우린 둔하다고 놀리기도 했지만 오히려 둔하고 착한 동생이 고마웠다.

언니랑 나는 한 가지로 동생을 구박(?)했었다. 언니는 4년 동안 장학생이었고, 난 근로 장학생도 하고 아르바이트를 끊임없이 해서 등록금을 벌었다. 그런데 동생은 아무도 안한 재수도 하고 등록금 전액을 집에서 가져가고 아르바이트는커녕 그저 집과 학교를 성실히 왔다 갔다 했다. 동생은 돈을 함부로 쓰지 않았고 쓸 줄도 몰랐다. 옷도 대학생 같지 않게 입고 다녔고 이거 사고 싶다, 저거 사 달라 말한 적이 없다. 그래도 등록금 낼 때면 언니랑 나는 착한 동생을 구박을 했다.

"야! 장학금 한번 받아 봐라. 어째 매번 집에서 가져 가나?"

그럼 남동생은 느물느물 웃으면서

"엄마가 셋 다 스스로 알아서 하면 좀 심심하잖아. 나라도 엄마에게 등록금 걱정도 하고 자식 학비 내주는 부모로서의 기쁨도 드리고 해야지. 내가 효자야. 누나들이 그걸 몰라."

남동생이 재수를 해서 대학에 붙었는데 입학금이 걱정이었었다. 마감일은 다가오는데, 그때 난 대학교 4학년 졸업을 앞두고 대학원 시험을 치른 뒤 친구 언니가 운영하는 안양에 있는 피아노 학원에서 꼬마 선생(체르니 30번까지만 가르치는 선생을 그렇게 불렀었다.)으로 일을 할 때였다. 아침 일찍 서둘러 가서 월급을 가불했다. 그리고 그 돈을 바로 은행으로 가서 은행 문이 열리자마자 붙였다. 엄마는 그 돈을 찾아 이렇게 저렇게 만든 돈에 보태서 남동생 입학금을 냈다.

표현을 안 해도, 항상 밝고 웃기만 해도 우리 사는 형편 모르지 않기에 남동생은 하나님께 앞으로 자신의 미래가 이랬으면 좋겠다는 그런 기도를 했었나 보다. 그런데 어느 날 출장을 다녀오다가 오래 전 하나님께 드렸던 기도가 떠올랐고 다 이루어진 것을 깨닫고 너무나 감사했다며 전화한 것이다.

전화를 할 당시 남동생은 기O자동차 수출부에서 근무를 했고, 동남아시아 담당으로 출장을 정말 많이 다닐 때였다. 무엇보다 그 시기는 회사가 어려워서 다들 퇴직을 하거나 언제 그만둘까 고민할 때였다. 매일 12시를 넘겨 새벽 퇴근에, 월급은 매달 백만 원 정도만 나오고, 남동생이 타고 다니는 차는 기O 차였는데 하얀색으로 할부로 산 것이었다. 남들이 밖에서 보면 시련이고 고난의 기간이었다. 그런데 남동생은 하나님이 자신의 기도를 듣고 응답해 주신 것이라 했다. 대기업에 다니고(회사가 무지 어렵지만 그래도 대기업이니까), 비행기 타고 외국 출장도 다니고(매달 1~2번 다닐 정도로 동남아 출장을 다녔다.), 하얀색 차도 있고(기O에 다니니 기O 차를 할부로 사서 매달 갚아야 하는 차), 자기의 기도에 모두 응답해 주셨다며 감사해 했다. 난 그 환경, 그 상황에서 감사하는 남동생이 더 고마웠다.

곧 넘어갈 회사 그만두고 다른 회사로 갈까 고민하지 않고, 월급이 더 많은 곳을 찾는다고 고민하지 않고 그렇게 감사하면서 매일매일 피곤한 몸을 이끌고 출퇴근을 했다. 함께 근무하던 동료들이 회사를 떠나는 것을 보고 있을 때 하나님이 옛 기도를 생각나게 하시고 지금 이곳이 하나님이 허락한 곳이니 남아 있으라고 하신 말씀이 아니었을까 혼자 생각해 보았다. 남동생은 2018년 지금까지 기O에 다니고 있고 현재는 두바이 지사에서 근무한다. 하나님이 나에게 개인적으로 만나시고 말씀해 주시고 인도해 주신 것처럼, 하나님은 남동생도 매일 만나 주시고 동행해 주시면서 함께하셨다.

어느 날 어려운 우리 형편에도 남동생이 정말 너무나 어려운 목회자 가정의 아이에게 학비를 보내 준다는 이야기를 들었다.

"꼭 옛날 우리 같아서. 너무 어렵더라고. 그래도 우린 이젠 살만 하잖아. 아직도 그렇게 방 한 칸에 커튼 치고 사는 집이 있더라고. 나중에 잘 되겠지."

자기 월급도 얼마 안 되면서 우리 어려웠던 시절이 생각났단다. 나중에 남동생은 연세대학교 사회복지대학원을 졸업했다. 그리고 신학을 하고 목회자가 되겠다며 준비를 하고 있다. 사람 좋아하는 남동생이니까. 게다가 올케가 옆에서 잘 받쳐 주니까 잘할 것이다. 회사보다 동생에게는 목회가, 장애인들과 함께하는 시간이, 교인들과 특히 청년들과 함께하는 시간이 훨씬 행복한 시간이 될 것 같다. 그냥 그런 생각이 든다.

아이들이 가끔 나에게 묻는다.

"엄마, 내가 커서 어떤 사람이 되었으면 좋겠어요?"

"내가 이다음에 커서 무슨 일을 하면 좋겠어요?"

내 대답은 항상 같다.

"많은 사람이 너희를 찾고 함께 일하고 싶어 하는 그런 사람,

너희들이 있어서 많이 웃게 되고 재미있고 행복하고 그래서 시간도 빨리 가고 너희들이 언제나 그리워지는 그런 사람. 힘든 사람 옆에서 손잡아 주고 함께 울어 주며 위로해 주는 그런 사람. 외할머니처럼."

시간이 많이 지나 우리 아이들도 외삼촌과 같은 고백을 하겠지. '내가 예전에 이런 기도를 했었는데 어느 날 보니 정말로 하나님이 다 응답해 주셨어요.'라고. 그건 나와 하나님만 아는 짜릿한 비밀이다. 다른 사람들은 잘 모르고 또 알려 주어도 시큰둥할 수 있다. 겨우 그게 응답이야? 하면서 말이다.

하나님은 우리의 기도를 들으시고, 모든 상황을 조율하시면서 우리의 기도에 하나하나 성실히 응답해 주신다. 나중에 시간이 지나 "정말 이런 것까지 모두 응답해 주셨구나." 알게 될 때의 그 기쁨은 말로 표현할 수 없다.

응답에 앞서
순종을

군산에 있는 교회에서 중고등부 교육전도사로 시무하시다가 우리 가족이 서울로 올라온 다음해에 언니 하나가 주소 하나 달랑 들고 우리 집으로 왔다. 엄마가 가르친 학생이었다. 여고를 졸업하자마자 무작정 온 것이다. 그리고는 시골에 내려가지 않고 함께 살겠다고 고집을 부렸다. 엄마는 걱정하실 부모님께 먼저 연락을 드리고 조금 데리고 있다가 보낸다 했지만 결국 현숙이 언니는 우리랑 몇 년을 함께 살다가 취직을 한 뒤에 나가 살아도 주말이면 우리 집으로 와서 함께 예배드리고 주일학교 전도사로 섬겼다. 방 2개 세 얻어 사는 우리 집이 뭐가 그리 좋다고 좁은 방에서 함께 살았는지 모르겠다.

현숙이 언니는 우리 집에 함께 살면서 낮에는 간호보조학원을 다녔고 밤에는 야간 신학교를 다녔다. 엄마는 현숙이 언니에 대한 책임감으로 기도하고 또 기도하셨다. 그러던 어느 날, 꿈을 꾸셨다면서 언니에게 앞으로 3일 동안 집안에 있지 말고 무조건 나가서 돌아다니다가 오라고 했다. 언니는 갈 곳도 없고 만날 사람도 없는데 하루 종일 뭐하냐며 뿌루퉁해서 나갔다가 돌아오곤 했다. 3일째 되던 날 언니 얼굴이 환해서 들어 왔는데 정말 우연히 길거리에서 아는 사람을 만났고 내일 치과에서 간호보조사를 찾는데 면접보기로 했다고 했다. 그때부터 현숙이 언니는 치과에서 간호보조사로 일을 했다.

　몇 년이 지난 어느 날 신문 광고를 본 엄마가 언니를 불렀다. 보건소 공무원을 뽑는 시험이 있는데 언니보고 시험을 보라고 한 것이다. 언니는 자기가 무슨 공무원 시험을 보느냐며 절대로 안 될 거라고 했다. 엄마는 이번 시험은 하나님이 너를 위해 준비한 거니까 무조건 순종하는 마음으로 가서 네 이름 석 자만 적고 오라고 했다. 떨어질 시험을 왜 보라고 하냐며 화를 내던 언니는 결국 시험을 보러 갔다. 그리고 와서는 정말로 떨어질 것이라고, 목사님 때문에 망신만 당하게 되었다며 속상해 했지만, 결과는 합격이었다. 현숙이 언니는 너무나 행복해 했고 엄마에게 감사했다. 그때 엄마가 하신 말씀이다.

　"하나님이 주신 선물을 받기 전에 마귀가 먼저 설친다. 그러니

앞으로는 입 다물고 순종만 해라. 그리고 하나님께 감사하고 영
광 돌려라."

어찌 이름 석 자만 적고 나왔겠나. 치과에서 간호보조사로 오
랫동안 일하면서 쌓인 지식과 경험이 하나님 보시기에 이젠 되
었다 해서 기회를 주신 것일 것이다. 그런데 우린 지레 못한다
고, 절대로 안 될 거라며 그 선물 받을 기회를 놓치는 것이다. 현
숙이 언니는 현재 보건소 소장이다.

아빠한테도 같은 일이 있었다. 초등학교 교사이셨던 아빠가
어느 날 사표를 쓰고는 서울로 이사했다. 내가 6살 때였다. 그곳
에서 아빠는 은행에서 일을 하시면서 보증을 잘못 써서 빚을 많
이 지고 시골로 다시 내려오게 되었다. 술독에 빠져 살던 아빠
는 군산에서 청각장애인이 사는 고아원에서 아이들을 가르치셨
다. 그러던 어느 날 엄마가 신문을 보셨다. 은평천사원에서 교
사를 모집한다는 광고였다. 엄마는 그 광고를 보자마자 하나님
이 아빠에게 다시 한 번 기회를 주신 것이라고 믿으셨다. 하지
만 아빠는 안 될 일을 가지고 사람 힘들게 한다며 화를 내셨다.

"네가 뭘 안다고 이래라 저래라 하냐. 만약 서울까지 가서 안
되면 어떻게 하냐."

그러시면서도 기도하시는 엄마의 말이 마음에 걸리셨는지 조
용히 서울에 올라가서 이력서를 넣고 면접도 보고 오셨다. 천주

교 재단인 그곳에서 연락이 왔을 때 아빠는 믿지 못하셨다. 그렇게 아빠가 먼저 서울로 올라가셔서 은평천사원에서 아이들을 가르치셨다. 몇 년 뒤에 일반학교 내에 특수반을 설치하면서 특수교사를 모집하는 순회고사를 실시한다는 광고가 났고 엄마는 다시 아빠에게 시험보기를 권하셨다. 초등학교 교사였던 아빠가 사업한다고 사표 쓰고 돌고 돌아 다시 제자리로 가는 거였다. 아빠는 안 될 거라며 기대도 안하시고 이러다 있던 직장까지 놓치면 어쩔 거냐며 화내시고 불안해 하셨지만, 결국 시험을 보셨고 아빠는 부천에 있는 특수학교로 발령을 받으셨고 성남에 있는 특수학교에서 교장으로 정년퇴직하셨다.

하나님은 우리를 속속들이 잘 아신다. 우리가 모르는 부분까지. 또한 사탄도 우리의 약점을 너무나 잘 알고 있기에 약한 부분을 공격당할 때 우린 주님을 의지하지 않으면 하나님이 준비한 선물을 받기 어렵다.

며칠 전 헝가리 의대에 다니는 큰딸이 울먹이며 전화를 했다. 그때 나는 두바이 남동생 집에 있으면서 '오늘이 하은이 중요한 시험인데….' 하면서 가슴 졸이며 있었기에 큰아이의 전화를 긴장하며 받았다.

"엄마, 오늘 시험을 못 봤어요. 못 봤다는 말이 잘못 봐서 떨어졌다는 말이 아니라, 시험 장소에 못 갔다는 말이에요. 밤새 불안해서 잠도 못 자고, 공부는 더 안 되고, 그래도 시험은 보러 가야지 다짐하고 또 다짐했는데 너무너무 떨리면서 기운이 다 빠지는 거야. 이런 일 처음이었어. 이러면 안 된다는 거 나도 아는데 도저히 시험 보러 갈 수가 없었어요."

"하은아, 괜찮아. 다음 기회가 또 있으니까 일단 하나님께 기도하고 잠 좀 자고."

"네."

그리고 기도했다. 시험 스트레스로 불안해하는 딸을 위해 한번 떨어져서 다시 봐야 할 때는 그 긴장이 몇 배로 가중이 된다. 이번에 떨어지면 다시 기회가 없어지면 어쩌나 하는 불안도 한몫한다. 기도하고 전화했다. 이젠 내가 엄마가 하신 말씀을 딸에게 한다.

"하은아, 하나님이 너에게 선물을 주시려고 하면 그 선물을 못 받게 하려고 사탄이 앞서서 방해를 해. 사탄이 너에게 불안과 좌절을 주는 거니까 잊지 말고. 그 불안과 좌절감은 절대 하나님이 주시는 것이 아니야. 하은이가 떨어지고 실패할 것 같으면 사탄은 방해하지 않고 편안하게 놔두지. 하은이가 붙을 것 같으면 실패하게 하기 위해 방해를 심하게 하지. 너희들은 하나님이 선물로 준비한 것을 스스로 포기하고 놓치지 말아야 해. 하나님이 너희들을 창조하셨기에 잘 아는 것처럼 너희들을 실패하게 하려는 사탄도 너희들을 속속들이 잘 알고 있거든. 그러니까 아무리 시험 때문에 시간이 없어도 기도하고 말씀 한 절이라도 읽고, 그것도 안 되면 걸으면서 주기도문을 외워. 화장실에 가서 사도신경을 외워. 잠자려고 누웠을 때도 주기도문, 사도신경을 외워. 그리고 절대 잊지 마. 하나님은 하은이에게 가장 좋은 선물을 준비하고 기다리셔. 그리고 하은이가 선물을 거절하지 않기를, 사탄 때문에 놓치지 않기를 바라신다는 것을 꼭 기억하고. 알았지?"

일주일 뒤, 큰아이는 가장 중요하고 어려운 시험을 패스했고, 하나님이 도와주셨다며 또 울먹이며 전화했다.

작은 딸이 초등학교 5학년이었을 때 한국을 방문했고, 그때 아이들을 데리고 연세대학교 안에 있는 언더우드 기념관을 방문했었다. 전날 양화진 외국인 선교사 묘지에 다녀왔기에 우리나라의 교육과 의술, 특히 여성 교육에 외국인 선교사님들의 역할이 컸다고 설명하는 나에게 갑자기 작은 녀석이 물었다.

"엄마는 내가 이 학교에 왔으면 좋겠어?"

"어디든 좋지만 엄마는 선교사의 헌신과 정신이 있는 크리스천 학교니까 좋지."

그렇게 말했던 작은 딸은 올해 연세대학교에 입학했고, 하나님을 경험을 통해 알아갈 것이다. 기도하고 먼저 순종하면서 앞서 일하시는 하나님을 경험하면서 살아갈 것이다. 친정 엄마가 우리를 위해 매일 하나님 앞에 엎드려 간절한 기도로 우리를 올려드린 것처럼 나 또한 아이들이 겸손히 순종하는 하나님의 자녀들이 되기를 간절히 주님께 기도드린다.

기도

아버지
아버지
아버지
저 밑바닥
깊은 속에서부터 터져 나오는
한마디
아버지

아버지는 아신다.
그리고
침묵으로 답하신다.
그 고요한 침묵 속에서
아버지의 손길을 느낀다.

내 아버지 한마디에
함께 가슴 부여잡으시고

함께 어깨 들썩이며 웃어 주시고
조용히 안아 토닥여 주시는 것을.

오늘도 조용한 시간
아버지를 만난다.
아버지
아버지
아버지

나눔의
삶

1

만나로
충분하신 분

하루하루 하나님이 주시는 만나로 감사하며 충분한 삶을 산다면 아마도 하나님 한 분만으로 행복한 사람이거나 아니면 살아오면서 물질에 관해 호된 훈련을 받은 것은 아닐까?(하나님이 주시는 것만으로 사는 훈련) 생각해 본다. 엄마는 매일 주시는 만나만으로 충분한 분이시다. 더 많은 것을 바라거나 갖고자 애쓰지 않으셨다. 일시적으로 아니면 몇 년 동안은 감 사할 수 있지만 오랜 시간 그날그날 만나만으로 항상 감사할 수 있는 삶은 많지 않기 때문이다.

"어찌하여 우리를 이집트에서 데리고 나왔습니까? 이 광야에서 우리를 죽이려고 합니까? 먹을 것도 없습니다. 마실 것도 없습니다. 이 보

사람들은 익숙해지면 새로운 것을 찾고, 더 맛있고 보기에도 좋은 것을 계속 원하게 된다. 입에 달고, 눈에 좋으며, 타인의 시선에 맞추게 될 때 소유욕이 생기고 죄를 짓게 된다. 그럴 때 감사가 사라지고 원망이 생기게 되는데 엄마는 항상 그것을 경계하셨다. 언제 무엇을 먹든지 그날의 음식이 제일 맛있고 감사했다. 특히 누룽지 끓여 김치면 만족하신 분이셨다. 무엇을 입든지 그 옷이 제일 좋은 옷이었으며, 어디를 가든지 그곳이 하나님이 창조하신 아름다운 곳이었다.

엄마는 깊이 들어가서 보면 항상 문제는 두 가지로 볼 수 있다고 말씀하곤 하셨다. 하나는 돈이 관련되어 있고, 또 하나는 성적인 문제라고 하셨다. 오십 넘게 살다 보니 정말 그랬다. 대부분이 돈 문제였고, 숨겨져 있는 성적인 죄였다. 대형 교회 목사님들의 세습도 돈 때문이고, 개척한 교회가 내 것이라는 숨겨진 욕심 때문이다. 성도들 또한 하나님의 백성이라기보다는 나를 섬기는 내 것이기에 남에게 줄 수 없는 것이다. 존경받는 목사님이 성추행이나 성폭행, 간음 죄가 드러나 세상 뉴스에 나올 때면 얼마나 하나님의 경외함이 없었으면 그랬을까. 바로보다도 더 강퍅한 마음이 아니라면 어떻게 저런 성적인 죄를 지을 수 있을까 의구심이 들었다.

그럼 성도들은 어떨까? 엄마가 자주 사용하시는 표현이 있다. 장사하는 성도가 있다 보니 그리고 사업을 하고 싶어 하는 젊은 청년들이 있다 보니 엄마는 항상 교회를 돈 벌기 위한 수단이나 예수를 이용해서 돈 벌지 말라고 강하게 말씀하시곤 하셨다. 특히 대형 교회의 경우 사업이나 인맥 관리를 위해 찾아오는 숫자도 사실 무시할 수 없기 때문이다. 물론 신앙이 없던 분이 동기는 그랬을지라도 하나님 말씀을 듣고 변화된다면 그 또한 감사할 일이다. 하지만 하나님을 알고 있으며 신앙이 있다고 본인 입으로 말하는 분들이 교회라는 단체를 이용해서 사업을 통해 이익을 얻기 위해 온다면 그건 분명 잘못된 것이다. 그리고 무엇보다 어느 교회 장로라고 하면 신앙이 순수한 사람들은 그 사람의 인격이나 진실성을 증명이라도 하는 것처럼 믿는 경우가 많기 때문이다.

엄마는 하나님을 믿는 것은 순수해야 하며 예수님 한 분만으로 충분해야 한다고 하셨다. 그리고 본인은 정말 그렇게 사셨다. 무엇이든 하나면 만족했다. 두 개면 누구든 필요하다 보일 때 그냥 주셨다. 아니 하나 뿐이어도 누군가가 좋다, 예쁘다 하면 주셨다. 받는 분이 좋아하는 것만으로 충분하셨다.

우연히 만난 분과 이야기하다가 입고 간 윗옷을 벗어 드리고 오는 것도 여러 번이고, 본인 금붙이나 가지고 있는 현금을 힘든 사정의 사람을 만나면 아낌없이 주셨다.

"오늘 당신을 만난 이유는 하나님이 이것을 주라는 것이었나 봅니다."

그리고 돌아오는 길이 너무나 기쁘고 가볍고 행복하다 하셨다. 아빠는 그런 엄마가 너무나 못마땅하셨지만 엄마의 무소유는 누구도 따라갈 수가 없었고 막을 수가 없었다. 나한테는 그리 중요하지 않고 도움이 안 되지만 누군가에게는 너무도 간절하고 요긴할 수 있다는 것이 엄마의 생각이셨다. 그리고 하나님이 나를 통해서 전달하시니 하나님께 사용되는 기쁨이 크다 하셨다. 선물을 심부름 하는 자는 전달만 하면 되는 것이다. 어떻게 사용하는지, 고마워하는지 확인할 필요가 없는 것이다. 정확히 전달했으면 임무가 끝났고 다른 심부름을 기다리면 되는 것인데 사람들은 선물 받은 사람들의 반응에 더 집중을 하고, 선물 사용에 관심을 보이다 보니 관계가 어색해지고 서운해지며 틀어지는 것이다.

남에게 나누어 주는데도 더욱 부유해지는 사람이 있는가 하면, 마땅히 쓸 것까지 아끼는데도 가난해지는 사람이 있다. 남에게 베풀기를 좋아하는 사람이 부유해지고, 남에게 마실 물을 주면, 자신도 갈증을

엄마를 생각하면 떠오르는 말씀이 잠언 11장 24-25절 말씀
이다. 엄마의 삶이 그랬다. 퍼 주고 또 퍼 주어도 계속 마르지 않
는 샘 같다. 오히려 더 샘물이 풍성해지는 요상한 샘이었다. 연
세가 드시고 이제 곧 팔십을 바라보시니 더 주변을 정리하신다.
장기 기증을 했는데 나이가 너무 들어 기증할 장기가 없다며 안
타까워하시고, 시신이라도 의대생들을 위해 기증하신다며 본인
의 사후 시신을 기증하시고 우리에게 미리미리 말씀하신다. 장
례도 필요 없다. 시신 기증했으니 나중에 혹시나 오면 화장해서
어디다 뿌려라 하시기에, "엄마, 요즘은 아무데나 뿌리면 큰일
나요." 했더니 본인은 납골당도 필요 없다시면서 그냥 병원에서
알아서 하라 맡기라고 하신다. 예수님처럼 살기를 소망하고 그
렇게 살고자 애쓰며 사시는 하나님의 딸이신 내 어머니이시다.

우리는 아무것도 세상에 가지고 오지 않았으므로, 아무것도 가지고
떠나갈 수 없습니다(새번역, 딤전 6:7).

2

엄마의
자식 사랑하는 법

엄마 표현을 빌리자면 우리 삼 남매는 속 한번 썩이지 않은 고마운 자식들이란다. 그건 믿음의 눈으로 바라보시는 엄마의 관점이다. 그저 신앙생활 잘하고 하나님 말씀 안에서 사는 것이 예뻐서 하시는 말씀일 것이다. 언니는 어려서부터 몸이 약했지만 공부를 잘했다. 대학 4년 동안 장학금을 받으며 다녔으니까. 하지만 난 그러지 못했다. 그래서 이런저런 아르바이트를 통해서 부족한 등록금을 채워 나가야 했다. 대학교 3학년 때 전액도 아니었던 20만 원의 부분 장학금을 놓쳤고 등록금이 걱정일 때였다. 엄마는 내 등록금은 마련할 생각을 안 하시고 신학생 등록금을 마련하셔서 나는 얼굴도 모르는 신학생의 등록금을 부쳐 주셨다.

괜히 심술도 나고 속상해서 처음으로 엄마에게 볼멘소리를 했다.

"엄마는 어떻게 딸 등록금 걱정을 안 하냐? 어떻게 신학생 등록금 먼저 해 주냐? 등록금 마감일이 이번 주인데 어떻게 해?"

엄마의 대답은 너무나 엉뚱했다.

"엄마가 살아 있잖아. 그냥 학교 가. 엄마가 살아 있는데 무슨 걱정이야? 아무 걱정하지 말고 그냥 학교 가!"

그럼 엄마가 다음날부터 내 등록금을 마련하려 다니셨는가? 아니다. 말 그대로 엄마가 살아 계셨다. 그리고 여전히 엄마는 심방 다니시고 교회 일을 하시고 설교 준비하셨다. 빈말이라도 '등록금을 어떻게 마련하지? 어디서 빌릴 곳이 있나 전화해 봐야겠다.'라는 말을 하지도 않으셨고 내가 보니 할 생각도 없으셨다. 하나님 앞에서 기도하는 것 외에는 어떤 것도 하지 않으셨다. 결국 등록금 마감일을 놓치고 교수님을 찾아갔다. 문 앞에서 몇 번을 망설이다 들어가서 말씀을 드렸다.

"등록금 마련이 힘들어서 근로장학생을 해야 합니다. 도와주세요."

엄마의 기도 응답이었을까? 이미 근로장학생 신청이 마감되었고, 다들 일할 곳이 다 정해진 상태였는데 교수님께서 여성연구소를 추천해 주셨다. 그 학기 내내 여성연구소에서 일을 하면서 미대 1, 2학년 스케치 모델 아르바이트를 했다. 여성연구소에서 내가 할 일은 거의 없었다. 조교 언니들이 그냥 간단한 일만 시켜서 과제를 준비하거나 내 공부를 할 수 있어서 좋았다.

엄마는 또 어려운 신학생들에게는 우리 형편에는 과한 양복을 해 주곤 했다.

"처음 강대상에 서서 설교를 하는데 양복은 입어야지."

그래도 언니나 나, 남동생은 불평하지 않았다. 불평한다 해서 달라지지도 않지만 우리를 향한 엄마의 사랑은 늘 알 수 있었다. 엄마는 직접적으로 자식을 향한 사랑을 표현하지 못하셨다. 행여나 하나님보다 자식을 더 귀히 여길까 봐서, 하나님 앞에서 자식이 우상이 될까 봐서 표현을 아끼시는 분이셨다. 대신 어려운 신학생을 돕고, 힘든 성도들을 찾아가 위로하고, 자식보다 성도를 우선으로 섬기면서 하나님께 어린 세 자녀를 올려 드렸다.

엄마가 자식을 사랑하는 방법이었다. 내가 자식을 키워 보니 이젠 엄마 마음을 알 것 같다. 그 마음은 알겠는데 실천은 참으로 어렵다는 것 또한 알게 되었다. 주일예배 드리고 교회 봉사와 섬김을 하다보면 어느 순간 그 행위가 앞서게 되고, 행위가 믿음의 정도를 나타내는 것으로 착각하기도 한다. 그러는 사이 아이들의 신앙과 하나님과의 관계를 어느 순간 잊고 만다. 주일에 가족이 다 같이 예배드리고, 성도들과 많은 시간을 보내면서 마치 신실하고 대단한 신앙생활을 하고 있는 것 같은 착각을 한다는 것이다. 아이들은 하나님과의 만남과 경험이 사라지고 부모들의 바쁜 사교생활에 지쳐 가는 것을 모르고 말이다. 어느 순간 아이들은 교회라는 공동체에 익숙해지고 예배가 지겨워지면서 하나님은 안개 속에 가려지고 아이들의 눈에는 보이지 않는 존재가 되고 마는 것이다.

살아 계신 참 하나님을 예배하고 경배하는 삶이 아니라 하나님이라는 이름을 부르지만 그저 모여서 즐기고 교제하는 속에서 사라져 버리는 하나님인 것이다. 엄마가 우리에게 보여 주신 하나님은 살아 계신 하나님이셨다. 우리의 모든 것을 아시고 예비하시며 함께 동행하시는 하나님이셨다. 그 하나님은 절대로로또 같은 하나님은 아니셨다. 그 하나님은 자비하시며 긍휼하신 하나님이시기에 우리의 행위대로 답하시는 하나님이셨다.

가난한 사람에게 은혜를 베푸는 것은 주님께 꾸어드리는 것이니, 주님께서 그 선행을 넉넉하게 갚아 주신다(새번역, 잠 19:17).

이 말씀을 그대로 이루시는 하나님이셨다. 만약 아이들에게 혹시 그런 일이 생긴다면 나도 그리 말할 것이다.

"엄마가 살아 있잖아. 걱정하지 마! 엄마가 기도할 테니까. 아무 염려하지 마. 알았지?"

그리고 난 기도하면서 나누고 섬기는 일을 중단하지 않을 것이다. 자식을 위해 부모가 하는 일중 많은 부분이 돈을 투자하는 것일 것이다. 먹이고, 입히고 공부시키면서 학원에 보내고 과외선생을 구해서 좋은 대학을 보내고 안정된 직장을 갖게 한다면 부모로서 최선을 다한 것 같은 요즘 시대이다. 경제적으로 어려우면 부모는 자식들에게 미안하고 죄스런 마음을 갖게 된다. 옛날과 같지 않은 요즘 시대는 더욱 그렇다.

헝가리에서도 많은 아이들이 학교가 끝나면 과외들을 했다. 그때(2009년) 딸들에게 엄마, 아빠가 과외를 시킬 수 없는 이유를 설명했다.

"첫째 이유는 만약 과외를 한다면 그 돈만큼 엄마, 아빠는 너희들의 성적을 기대하며 예민해지고, 너희들이 A를 받아 오면 과외 때문이라고 생각할 것이고, B가 나오면 한 시간에 과외비가 얼마인데 하면서 화를 낸다면 너희들도 속상하고 공부하기 싫어질 거야. 하지만 과외 없이 B나 A를 받는다면 엄마는 엄청 기쁘고 고마워하겠지.

둘째 이유는 너희들 스스로가 자랑스러울 거야. 혼자 열심히 노력해서 받은 결과이니까. 그리고 무엇보다 시간이 지날수록 스스로 공부하는 훈련이 되고 자신감도 생길 거야.

　마지막으로 가장 중요한 이유는 우리가 사용하는 돈은 하나님이 우리에게 주신 물질이기 때문에 비싼 과외비로 사용할 수는 없는 거야. 하나님이 너희들을 건강하게 태어나게 해 주셨기에 너희들이 노력을 해야 하는 거야. 지능이 정상이고 몸이 건강하면 게으르지 말고 스스로 노력을 해야 하는 거야. 공부하다가 모르는 것이 생기고 이해가 안 되는 것이 있을 수 있어. 그때는 선생님께 찾아가서 물어보면서 해결하려고 노력해 봐. 요즘은 인터넷도 있잖아. 너희들 주변에 너희들을 흔쾌히 도와줄 많은 분이 계시니까 쉽게 돈으로 해결하려고 하지 않았으면 좋겠다. 하지만 꼭 필요할 경우 엄마는 아빠랑 의논해서 그때는 과외를 해야 할지 결정을 할 거야."

　그리고 큰아이는 헝가리 세멜바이스 의대에 가서 지금 시험이 다가오면 과외를 받는다. 의사 선교사가 되고 싶다는 자신의 꿈을 이루기 위해서 너무나 어려운 의대 공부에 필요할 때마다 3회나 4회 단기간 과외를 받는다. 작은 녀석은 2만 불 장학금을 받고 뉴욕대학교에 합격을 하고 고려대학교에 합격을 했지만 연세대학교 새내기가 되었다. 대학 입시 준비를 하면서 AP시험도 혼자 책 보고 준비하느라 스트레스 엄청 받았지만 그런 과정을 통해 대학 공부도 잘 감당할 수 있을 거라고 나는 믿는다.

자식 낳고 엄마가 되어 보니 내 새끼가 귀한 만큼 어려운 아이들의 눈망울이 가슴에 박혀서 떠나지를 않는다. 그들의 마음을 외면할 때 아이들이 나를 통해 이기적인 삶을 배우고 살아갈까 겁이 났다. 매주 토요일과 주일이면 집시 선교사님 사역 현장에 두 딸들과 함께 가서 가진 것이 없어 하나님께 헌금 한 번 드리지 못하는 아이들과 함께 주님을 찬양하고 기도시간을 갖는다. 유난스럽게 핑크를 좋아하고 그림 그리면 무조건 하트부터 그리는, 반짝이 가루 하나로 감탄사를 연발하는 눈이 예쁜 집시 아이들과의 시간은 내 딸들을 회복시키고 하나님의 손길을 바라보게 해 주었다.

내 아이들이 이기적이 되지 않기 위해서, 물질의 노예가 되지 않고, 목이 굳어지게 위만 바라보는 것이 아니라 하나님의 시선 따라 옆과 아래도 보면서 살아가게 하는 너무나 귀한 시간이었다. 내가 하는 것이 아니라 하나님이 하시는 것을 삶에서 경험하는 귀한 시간이다. 친정 엄마가 우리를 위해 주변을 섬기신 것처럼 나 또한 아이들과 함께 낮은 곳에서 섬기기를 원하고, 내 아이들이 평생 살아가면서 하나님의 시선이 머무는 곳에, 우리 주님의 마음이 가는 곳에, 발길이 멈추는 그곳에서 함께 섬기는 삶을 살기를 간절히 바란다.

"엄마가 살아 있잖아. 걱정하지 마. 아무 걱정할 것 없다." 하

시며 오늘도 양손 가득 이것저것 담아 나누고 베풀며 사시는 친
정 엄마 목소리를 언제까지 듣고 싶다.

선물

선물은 준비할 때가 가장 설레고 행복하며, 받은 사람의 환한 표정만으로 보답받는 참 좋은 것이다. 엄마는 선물하기를 좋아하셨다. 누구든 빈손으로 돌아가지 못하게 하셨고, 때마다 청년들에게, 어르신들에게 선물하기를 즐겨 하셨다.

신학대학생들은 4학년이 되면 교회에서 설교할 기회를 찾았었다. 이때 엄마는 어려운 신학생에게 수요 저녁 예배나 주일 저녁 예배 설교를 맡기곤 하셨다. 그럴 때면 강사 목사님 모시듯 깍듯이 하시면서 앞으로 험한 목회의 길을 갈 신학생이 안쓰럽기도 하셔서 차비를 넉넉히 넣은 봉투를 주셨다. 생활이 어려운 신학생에게는 구두를 맞춰 주고, 양복을 맞춰 주곤 하셨다.

엄마는 선물하기를 기뻐하셨다. 교회 재정으로 감사를 표현

해야 하는 경우가 아니라 본인이 주머니 털어서 하는 선물이 많았다. 특히 교회를 섬기다가 떠나시는 분들에게 선물하셨는데 그때그때 그 상황에서 제일 좋은 것으로 최선을 다해 선물을 준비하셨다.

하루는 엄마를 태우고 남대문 시장 한복집으로 가면서 물었다.

"엄마, 좋은 걸로 사 주면 되지 바쁜데 남대문 한복집까지 가서 반두루마기를 맞춰야 하나?"

"지금까지 함께한 시간이 너무나 감사한데 이 정도가 무슨 대수냐. 요즘 반두루마기가 유행이라고 하니 입으면 예쁠 것이다."

그러니까 그동안 함께한 좋았던 시간들만 기억하는 엄마다. 그래서 그런지 엄마랑 함께 하신 분들은 오랜 시간이 지나도 한 번씩 찾아오고, 연락하시곤 하신다. 전도사로 섬기다가 가신 분들도 나중에 목사 안수 받고 연락하신다.

내가 결혼하고 다른 교회에서 섬기다 보니 이것이 참 힘든 일이었음을 알게 되었다. 엄마의 지혜로움과 너그러움으로 가능한 것이며 하나님 안에서 받은 은혜와 사랑이 있었기에 가능한 것임을 알았다.

진심이 담긴 선물과 그냥 형식적인 선물은 받는 사람에게 감동을 주며 두고두고 기억에 남든지 아니면 한쪽에 던져 놨다가 잊어버리든지의 차이가 아닐까. 물론 이쪽은 진심을 담았지만 받는 사람과의 관계에 따라 다를 수도 있지만 사랑으로 준비한 선물은 감동을 준다. 두고두고 기억이 나고, 그 선물을 볼 때면 함께한 시간이 떠오르고 미소 짓게 한다. 어찌 지내나 궁금해지고 연락하게 한다.

엄마의 선물은 그런 것이었다. 그 사람을 생각하면서 가장 좋은 것을 하려고 준비한 선물이었고, 떠날 때의 관계나 상황에 집중한 것이 아니라 함께했던 고마운 시간에 감사의 마음을 담아서 드리는 선물이었다.

큰아이가 고등학교 2학년 때였다. 큰아이는 친구들이 매년 새로 오거나 또 다른 나라로 떠날 때, 로컬 학교로 떠날 때마다 밤늦게까지 선물을 준비하고 쿠키, 케이크를 준비해서, 새벽 일찍 학교에 가서 교실을 꾸미곤 했었다. 마니또(비밀 친구 놀이)를 할 때면 선물을 고민하고 또 고민하면서 좋아할 선물을 사러 다녔었다. 그런데 자기 마니또가 너무나 무성의 할 때면 속상해하곤 했었다. 그날도 마니또가 없나 싶게 소홀하다가 마지막 날 초콜릿 하나 받아온 날이었다.

"엄마. 난 정말 고민하면서 항상 준비하고 친구들 새로 오면 힘들까 봐 도와주고 떠날 때는 깜짝 파티도 하고 하는데 오늘은 진짜 너무 서운했어. 마니또를 하지 말든가 한다고 뽑아 놓고 너무 무성의하잖아."

옆에서 지켜봤기에 충분히 이해가 되었다. 하은이에게 외할 머니 이야기를 해 주면서 말했다.

"하은이가 선물을 준비하고 밤늦게 케이크 굽고 새벽부터 학교에 가서 풍선 달고 할 때 짜증났었어?"

"아니. 너무 좋았지."

"하은아. 그럼 된 거야. 하은이가 그 순간에 기쁘고 설레고 감사했잖아. 그리고 그 친구들은 절대 잊지 못할 거야. 두고두고 하은이를 생각할 거야."

그 말에 하은이 가만히 생각하더니 "맞아, 엄마." 다시 표정이 밝아졌다.

큰 아이 18살 생일파티는 큰 아이 모르게 하빈이랑 (나도 잘 모르는) 친구들과 친구 엄마가 함께 만들어 준 진짜 멋진 깜짝 생일파티였다. 평생 잊지 못할 파티였다. 내가 이렇게 했는데 난 왜 항상 대접 받지 못할까. 난 좋은 선물을 받지 못할까 생각하면 그때부터 감사도 사라지고 기쁨도 사라진다. 내가 준비할 때의 설렘과 기쁨, 받은 분의 행복한 모습으로 충분한 것이다. 그러다 보면 우리 하은이가 받은 깜짝 파티 같은 서프라이즈 선물을 받기도 하더라는 것이다. 설령 그런 서프라이즈 선물이 없다하더라도 내가 기쁨으로 설레면서 선물을 준비할 수 있는 사람이 있다는 것만으로도 감사한 것이다.

위의 말씀처럼 엄마는 하나님의 딸이셨다. 엄마가 계시는 곳에는 평화가 있었다. 다툼이 멈추고, 울음이 그치며, 상처받은 마음에 위로함이 전해지고, 잔잔한 평화가 있었다. 엄마가 중재하거나 관계를 해결하겠다고 나서는 것이 아니었다. 그저 마음 문 열고 들어주고 따뜻하게 손잡아 주고, 그 마음 어루만져 주는 것이 전부였다. 이쪽과 저쪽을 오가며 설명하고 이해시키려 하는 것이 아니었다. 그들의 아픔과 한숨을, 답답함을, 들어주시고 "그랬구나." 하시며 다독여 주시기 때문이다. 모든 일의 중심에는 하나님이 계심을 믿으시기 때문이다.

작은 무엇이라도 나누며 더 좋은 것으로 그분들에게 드리려고 하는 그 마음에 위로 받고 힘을 얻어 돌아가는 것이다. 문제가 해결된 것이 아니었고, 나를 아프게 한 이를 함께 욕해 준 것도 아니었으며, 점쟁이처럼 이렇게 해라, 저렇게 해라 방법을 알려 준 것도 아니었지만 또다시 무릎에 힘을 주고 일어설 수 있게 도와주신 것이다. 엄마의 위로와 기도와 작은 선물로.

4
엘리야의
까마귀

엄마는 어느 누구에게도 하소연할 사람이 없었다. 친정 엄마가 안 계셨고, 두 언니는 막내 동생의 팍팍한 삶을 들어줄 여유가 없으셨다. 다섯이나 되는 새어머니가 낳은 동생들은 너무나 어렸다. 사방을 둘러보아도 기댈 언덕 하나 없기에 그저 강대상에 엎드려 "아버지~"만 찾고 또 찾으셨다. 어찌 보면 이것이 하나님이 보내 주시는 엘리야의 까마귀를 경험하게 된 감사의 환경이었을지도 모르겠다.

내가 중학교 때 일이다. 그때도 엄마는 강대상에 엎드려 금식하며 기도하셨다. 저녁 식사 시간에는 우리에게 신앙교육을 시키셨다. 하나님의 놀라운 은혜에 대해서, 죄의 무서움에 대해서, 부흥 집회 다녀온 곳에 관한 많은 이야기를 해 주셨다. 그날

그래, 그럴 수도 있지

도 저녁 식사 시간에 엄마는 하나님의 특별한 은혜에 대해서 우리에게 말씀해 주셨다.

아빠가 여기저기 빌린 돈이 점점 커져서 어느 날 사람들이 빚을 받으러 왔단다. 그런데 우린 그만한 돈이 없었고, 여전도사 시절이었던 엄마는 어디에서도 그만한 돈을 빌릴 곳이 없었다. 사실 급한 마음에 어디선가 빌린다 해도 또 갚을 능력이 없었다. 대학 등록금이 백만 원 좀 넘던 시절에 아빠가 진 빚은 천만 원 가까이 되었기 때문이다. 하나님 앞에서 기도하고 기도하던 때에 낯선 분한테서 전화가 왔다. 엄마가 일주일에 한번 강남에 계신 분들이 모인 곳에서 성경공부와 기도모임을 인도하셨는데 그때 한번 뵈었던 분이셨다.

"제가 기도할 때마다 성령님께서 자꾸만 전도사님께 전화를 드리라고 하세요. 그래서 전화번호를 물어서 전화를 드렸어요. 뭐 어려운 일이 있으세요?"

그분의 말씀에도 엄마는 차마 말을 할 수가 없으셨단다. 성령님이 전도사님의 어려움을 도와주라 하니 말씀하라는 그분의 강권에 차마 떨어지지 않는 입으로 말씀하셨다. 남편이 진 빚이 있는데 점점 빚 독촉에 시달려 너무나 힘들다며 현재 상황을 말씀드렸고, 그분이 얼마냐고 물으신 뒤에 전화를 끊으셨다. 그리고 얼마 뒤에 정말 그 많은 빚을 갚아 주셨다. 엄마는 그때 숨통이 트이면서 정말 평생 잊지 말아야겠다 다짐하셨고, 우리에게 이 말씀을 저녁 식사 시간에 말씀하시면서 "너희도 그렇게 살아라." 하고 간곡히 말씀하셨다.

"누군가의 힘들어하는 것을 성령 하나님이 보여 주시면 의심하거나 돈에 집중하지 말고 하나님이 나를 믿고 심부름을 보내시는구나 생각하고 바로바로 해라."

하나님의 도우심과 심부름을 잘해 주신 그분의 고마움을 평생 잊지 않으셨고, 나중에 우리 형편이 좋아졌을 때 그 고마움을 늦게나마 표현하셨다.

언젠가 함께 기도하던 집사님과 요셉의 청지기에 대해서 나눈 적이 있었다. 주인인 요셉의 명으로 양식을 구하러 온 형제들의 주머니에 몰래 돈도 넣어 두고, 잔도 숨겨 두고 했던 청지기는 주인인 요셉에게 "왜 이런 일을 하십니까?"라든가, "우리 주인 참 이해가 안 된다." 등 토를 달지 않았다. "무슨 계획이 있으시겠지." 하며 그저 시키는 대로 순종했다. 그랬기에 요셉의 계획이 이루어진 것이다.

우린 성령 하나님이 주시는 감동과 기도, 말씀, 환경에서 주시는 말씀에 많은 요구를 한다.

"이해가 안 갑니다."

"설명을 해 주십시오."

"먼저 저에게 증명해 주세요."

우리의 짧은 소견으로 절대 볼 수 없는 그림을 그리고 계시는 하나님께 말이다.

엄마의 삶의 가르침을 보고 자란 우리는 하나님께서 마음에 감동이 오면 '지금 현재 내가 할 수 있는 부분이 있을까?' '혹시 이것이 그분의 것이라고 말씀하시는 걸까?' 하고 기도하게 된다. 힘들고 어려운 고난의 터널을 지나시는 분을 만나면 하나님께서 지금 힘든 시기에 저분을 위해 건너는 징검다리 돌 하나를 놓아 주라는 말씀인가보다 하고 어떤 돌 하나 나보고 놓으라 하시는지 기도하게 된다.

살다 보니 가장 구차하고 미련한 것이 목회자가 성도들 집을 방문하며 아쉬운 소리하고 여유 있는 성도로부터 경제적인 도움을 받는 것이 아닌가 싶다. 이러한 방법은 하나님이 보내신 까마귀가 아니기에 그 성도의 입을 통해 밖으로 말이 나오게 되고, 내일 일을 걱정하지 말라는, 하나님이 다 아시고 예비하신다는 말씀에 부합하지 않는다. 은퇴가 두려워 또 여기저기 후원자를 모집하고 다닌다면 어찌 목사님 설교에 은혜가 되겠는가? 본인이 믿음의 본이 되지 못하면서 입으로만 내뱉는 허공에 흩어지는 말씀이 되는 것이다.

엘리야에게 빵과 고기를 가져다 준 까마귀는 분명 하나님이 보내신 것이다. 그때 엘리야는 까마귀를 향해서 무한 감사의 표현을 하지는 않았을 것이다. 까마귀가 아닌 사람의 도움을 받으면 그 사람의 눈치를 보게 된다. 하나님이 까마귀를 보내신 것을 난 왼손이 하는 것을 오른손이 모르게 하라는 말씀과 연결해서 이해했다. 누군가를 도와줄 때 "난 까마귀야."라고 생각하면 되는 것이다. 까마귀는 엘리야로부터 감사 인사를 받으려 하지 않았고, 인사가 없다고 서운해 하거나 배은망덕하다며 온 동네 소문내지도 않았다. 심부름을 마치고 엘리야가 감사하다 인사를 하나, 잘 먹나 지켜보지도 않고 기다리지도 않고 바로 자기 갈 길로 갔다. 우리는 하나님의 응답임을 알고 감사를 한다고 하지만 하나님의 심부름을 한 까마귀에게 반복해서 감사한다. 또한 하나님의 심부름을 간다는 것을 알고 있고 그저 까마귀 역할임을 알면서도 시간이 지나면서 어느 순간 본인이 감사 인사 받는 것에 익숙해진다. 그러는 사이 하나님은 까마귀 뒤로 밀려나게 되는 것이다.

　엄마의 방법이 옳았음을 이젠 알게 되었다. 그저 하나님께 기도하고 침묵하며 기다리니 하나님이 보내 주신 까마귀가 하나님의 응답을 물어다 주고 날아간다. 우리의 약점 중에 도와준 물질을 어떻게 사용하나 확인하려는 마음이 있다. 거기에는 내 피 같은 돈인데 잘못 사용하면 어쩌나 하는, 내 것을 줬다는 마음이 있기 때문이다. 입술로는 "하나님이 주시는 것이에요. 전 그냥 심부름하는 겁니다."라고 했지만 속마음은 그렇지 않은 것이다. 그것을 너무나 잘 아시는 하나님이 우리에게 까마귀처럼 하라는 것이다.

엘리야의 까마귀라는 것을 잊지 말아야겠다. 까마귀가 물어다 주는 것을 보고 까마귀만 바라보는 어리석은 자가 되어서도 안 될 것이다. 온전히 하나님의 도우심인 것을 잊지 말아야겠다.

5

나눔도 받은
은혜만큼이다

70-80년대 주일학교 여름성경학교는 교회에서 일주일 동안 매일 새벽부터 밤늦게까지 열렸다. TV나 컴퓨터가 없던 그 시절 교회 여름성경학교는 정말 재밌었다. 지금도 잊히지 않는 것이 중고등부 전도사였던 엄마가 주일학교 여름성경학교 때 천로역정 동화를 예배 때마다 나누어서 들려 주셨는데, 내용이 너무나 궁금해서 예배시간을 기다리고 또 기다렸었다. 나중에 커서 만화로 된 천로역정을 보았지만 여름성경학교 때 들었던 구연동화보다 재미가 없었다.

80-90년대는 부흥회를 하면 새벽부터 밤늦게까지 일주일을 했다. 엄마는 부흥회 집회 인도를 하시러 주일예배 드리고 가셔서는 토요일 오후에 오시곤 했었다. 보통 그렇게 집회를 마치고

그래, 그럴 수도 있지

오시면 피곤해서 쉬고 싶으실 텐데 엄마는 그렇지 않으셨다. 저녁 식사 시간이면 집회 가셨던 교회 상황도 말씀해 주시고, 어떤 분들이 오셨는지, 은혜가 얼마나 컸는지, 참 많은 이야기를 우리에게 해 주셨다. 그렇게 집회를 인도하시면 교회에서 강사료를 주시는데 엄마는 그 강사료를 모두 교회에 내놓으셨고, 우린 당연한 것이라고 보면서 자랐다. 하지만 대부분은 형편이 어려운 교회를 다녀오시기에 주신 강사료에 본인이 더 보태서 예배당에 의자, 방석, 난로 등을 맞춰서 보내기도 하셨다.

"글쎄 예배드리는 의자가 얼마나 낡았는지, 그래서 긴 의자 30개 맞춰서 보내야겠단 생각이 들더라."

그러면 망설임 없이 바로 예배당 의자를 사러 나가셨다.

"글쎄 방석이 말도 마라(그 시절에는 마루 바닥위에 방석을 놓고 앉아서 예배드리는 예배당이 많았다.). 얼마나 낡았는지 그냥 다 버려야겠더라. 그래서 넉넉히 만들어 보낸다고 했다."

다음날 시장에 가셔서 예배당 방석을 50개, 100개 맞추곤 하셨다. 엄마는 전도사 시절에 새벽마다 종을 치셨다. 나중에 차임벨로 바뀌었고, 나중엔 그마저도 못하게 해서 사라졌지만 가장 많이 한 것이 종탑이었다.

"이번 다녀온 교회에 아빠 이름으로 종탑을 했다."

항상 찬바람이 가슴속에서 불어 밖으로만 도는 아빠가 믿음의 사람이 되어 세상에 빛을 비추는 하나님의 아들이 되기를 바라셨다.

"그 교회에 언니 이름으로 교회 십자가를 했다."

몸이 약해서 한 번씩 응급실 방문하는 큰딸이 오래 곁에 있어주기를 바라는 간절한 맘을 담으셨을 것이다.

좀 여유가 있는 교회의 경우 주시는 강사료를 교회에 다 내놓으시고 어쩌다 차비로 따로 2~3만 원 넣어 주시면 또 저녁 식사 시간에 말씀하시며 우리에게 용돈을 주시기도 하셨다. 엄마는 차비라고 따로 넣어 주시는 그 작은 돈의 정성이 고마우셨던 것이다. 그래서 그러셨는지 가난한 신학생에게 설교할 기회를 주실 때면 꼭 따로 봉투를 주셨다. 맘 편하게 개인이 사용하시라고. 나중에 알고 보니 대부분의 목사님들은 공공연히 외부 강사료는 개인이 알아서 사용하신다는 것을. 그것이 잘못된 것인지 아닌지는 잘 모르겠지만(교회 교단의 법이 어떤지 모르니까) 엄마는 항상 모든 것에 있어서 투명하셨다. 한 10여 년 전이었나 보다. 제직회 때 한 여 집사님이 질문한 적이 있었다.

"목사님에게는 한 달 사례비가 나갔습니다. 지난달에는 목사님이 두 번 설교를 하셨고, 목사님의 출타로 외부에서 목사님이 대신 설교하시면서 강사료가 나갔는데, 그럼 목사님은 방문하신 교회에서 설교하시고 강사료를 받으셨는지요? 만약 그렇다면 교회 재정에서는 목사님 사례비와 강사료가 이중 지출 아닙니까? 목사님의 부재로 다른 분이 오셔서 설교하셨기에 나간 강사료는 목사님 사례비에서 나가야 하는 거 아닙니까? 목사님이 계시는데 외부 목사님이 오셔서 설교하는 것과 다르지 않나요?"

그때 나는 '교회인데 저런 방식으로 계산해도 되는 걸까? 너무 세상적인 계산법인데 저래도 괜찮은 건가?'라는 생각이 들었다. 교회에서는 목사님이 양심적으로 오죽 알아서 하겠나? 하나님이 보고 계신데 서로 믿어야 하는 거 아닌가라는 생각이었다. 어려서부터 신앙 생활하는 사람들 대부분은 나처럼 그렇게 생각할 것이다. 어쩐지 돈 계산은 따지는 것 같고 의심하는 것 같은 찜찜함이 있기 때문이다.

그때 엄마 생각이 났다. 엄마는 외부에서 받은 강사료는 모두 교회에 내셨다. 그때 막연히 교회가 너무 어려워서 재정적으로 힘드니까 당연히 내신 것이라고 생각을 했었는 데 그게 아니었다. 엄마 나름의 하나님 앞에서 정직함이고 투명함이었다. 나를 보러 잠시 헝가리에 방문할 때마다 교회에서 설교 부탁을 받으시고 말씀을 전하신다. 그리고 교회로부터 받으신 강사료를 엄마는 돌아가실 때 봉투 그대로 나에게 다시 주시면서 "다음 주에 감사헌금 해라." 말씀하셨다. 그러면 나는 무명으로 감사헌금을 하곤 했었다. 미리 집회를 약속한 것이 아니고 딸을 방문하러 와서 갑자기 말씀 전하셨기에 강사료를 받는 것이 민망하고, 목사가 언제든 하나님 말씀 전하는 거야 당연하다 하시는 분이시라서 다시 감사헌금으로 주님께 돌려 드렸다. 언젠가는 총회에서 순서를 맡은 목사님들에게 좀 큰 액수를 넣어서 감사로 드리는 것에 대해서 말씀하셨다.

"설교하고 축사하고 기도하는 것이야 목사로서 당연한 일을 하는 것인데 간단히 차비로만 하고 예배를 드렸으니 이 교회에 감사헌금을 하는 것이 좋지 않겠습니까?"

그렇게 실행이 되는지는 알 수 없지만 목사니까 당연히 설교하고, 기도하고, 축사함이 마땅하다는 말씀이 가슴에 와 닿았다. 하나님 앞에서 깨어 두려워하며 경외함으로 산다면 성도의 삶의 일부를 드리는 헌금을 절대로 함부로 사용할 수 없을 것이다. 돈에 있어서 하나님으로부터 오는 것임을, 돈이 주가 될 수 없음을 삶으로 보여 주시며 사신 엄마에게 감사드린다.

하나님의 은혜가 큰 만큼 물질로 향하는 마음은 줄어들고, 하나님의 은혜가 큰 만큼 베풀고 섬기는 마음은 커졌다.

그래, 그럴 수도 있지

6
퍼 주면서 행복하신 분
(2011년 7월 21일에 쓴 글)

아침 할 일 다 끝내고 한숨 돌린 뒤에 서울에 있는 언니에게 전화했다. 어제 퇴근한 남편이 엄마가 수술 받으러 입원을 하셨다고 했다. 언제나 한국에서는 멀리 있는 딸이 걱정할까 봐 말을 잘 안 하신다. 이번에도 비밀로 하라고, 절대 말하지 말라고 당부하셨겠지만, 정말 우연찮게 알게 되었고 수술이 한 번 취소되었고, 7월말쯤 할 거라 했었는데 그래서 다음 주쯤 전화해야지 했었는데. 어제 입원했고 오늘 아침 수술을 받으셨단다.

"엄마는?"

언니가 엄마의 수술과 상태를 설명해 준다.

"복강경으로 수술을 했어. 배에 구멍을 5개 내고 하나는 좀 크대. 혹이 좀 큰 레몬만 하더라. 다 괜찮대. 엄마 바꿔 줄께."

아직 마취상태인지 목소리가 작고 어눌하시다.

"엄마."

"어. 걱정 마. 난 괜찮아. 최 서방한테 보낸 것 다 잘 받았어?"

"응."

"참기름도? 괜찮았어?(아마도 깨지거나 아니면 공항에서 뺏기지 않았냐는 의미다.)"

"다 받았어. 괜찮았어. 엄마는?"

"내 걱정 마. 화장실도 갔다 왔어. 최 서방 일이 잘되어야 할 텐데."

마취에서 깨어나 딸하고 하는 전화에서 사위 편에 보낸 떡이랑 참기름 잘 받았는지부터 묻는 엄마, 본인 몸은 무쇠로 만든 로보트 태권V인가?

언제나 그랬다. 그냥 찬밥에 물 말아 김치에 먹고는 잘 먹었다고 하는 엄마였다. 그러더니 어느 날부터 속이 안 좋았고 그럴 때마다 요즘 내가 너무 잘 먹어서 그런가보다 그렇게만 생각하셨단다. 그러다보니 어느새 체중이 많이 내려갔고 속이 안 좋으면 "체했나? 많이 먹었나?" 나이 들어서 그러려니 하고 무심했는데 건강검진센터에서 큰 병원에 가서 다시 검사를 받으라는 전화에 병원에 가서 검사를 다시 받았더니 위에 혹이 있다는 것을 알게 되었다고 했다.

그래, 그럴 수도 있지

힘없는 엄마 목소리가 전화선을 타고 내 안에 스며든다. 논두렁에 떠 있는 속빈 우렁이 껍질이 왜 떠올랐을까? 힘없는 엄마 목소리가 속빈 우렁이 껍질 같다. 점점 엄마가 비워져 가는 것만 같다. 큰 산 같았던 엄마였다. 엄마만 있으면 무섭지 않았었다. 이 세상에 엄마 옆에만 있으면 평화로웠었다. 자꾸만 고개가 한국 쪽으로만 향하는 것도 그곳에 엄마가 있기 때문일 게다. 그 엄마가 자꾸만 작아지고 비워지고 가벼워져 어느 날 훌쩍 날아가 버릴 것만 같다. 요 며칠 잠을 못 자다가 잠이 들면 어찌나 이를 악물고 잠을 잤는지 아침에 입이 안 벌어질 정도였었다. 어느 날은 입안의 살을 깨물어 자고 나니 입안이 상처투성이었다. 왜 그리 이를 악물고 잠을 자는지. 악몽을 꾼 것도 아니면서.

다음에 전화를 하면 그때는 엄마 목소리가 예전 같을 것이다.

"야야~. 아무 걱정 마라. 다 괜찮아. 다 잘 먹고 자꾸 살찔까 봐 걱정이다. 그저 우리 딸이나 아프지 말고 잘 먹고 애들 잘 챙기고, 그저 최 서방 일이 잘되어야 할 텐데."

분명 그러실 거다. 그리고 2~3년 뒤 다시 한국을 가면 그때는 엄마 손 잡고 연극도 보고 맛있는 거 먹으러 가야겠다. 사진도 찍어야겠다.

어제 내린 비로 미처 따지 못한 살구가 다 떨어졌다. 살구나

무가 살구들을 다 내려놓고 이제 쉬려나 보다. 긴 겨울 보내고
는 연분홍 예쁜 꽃을 피워서는 꽃비를 내려주더니 달고 맛난 살
구를 엄청나게 많이 선물로 주었다. 그리고 이젠 다 털어 버리
고 다시 쉬려고 준비한다. 엄마도 지금 좀 쉬고 있는 거다. 쉴 틈
이 없는 엄마가 병원에서 잠시 누워 쉬는 거다. 그리고 다시 일
어나 우리를 위해 기도하시고 말씀으로 가르치실 거다. 툭툭 털
고 일어나셔서는 언제나 그랬던 것처럼 긍정적인 에너지를 우
리에게 주실 거다.

소녀 같으신 엄마는 언제나 그랬던 것처럼 말씀하실 것이다.
"참 예쁘다. 참 맛나다. 다 괜찮아. 그럴 수도 있지. 됐다, 됐
어. 참 좋다. 모든 것이 엄마 눈에는 예쁘고, 좋고, 괜찮고, 맛있
고, 감사한 것 뿐이다."

긴 세월 힘들게 살아 오셨기에 범사에 감사함이 몸에 배었나
보다. 어쩌면 엄마는 다 내려놓고 훨훨 날아가고 싶은데 자식인
우리가 엄마를 필요로 해서 꼭꼭 잡고 못 가게 하고 있는지도
모른다. 그래도 좋다. 이기적인 자식이라 해도 좋다. 그냥 엄마
가 조금만 더 있어 주면 좋겠다. 환하게 웃으면서 지금처럼 .

허기진다. 입맛은 깔깔하니 목구멍에서 안 넘어 가면서도 허
기진다. 계란을 삶을까. 찐빵을 찔까 하면서 김에 찬밥을 싸서
입에 쑤셔 넣는 어렸을 적, 아마도 대여섯 살 적, 시골에 살 때,

엄마는 가마솥에 밥을 하면서 밀가루를 반죽해서 밥 위에서 쪄 주곤 했었다. 일명 밀가루 개떡. 밀가루 개떡에는 밥알이 붙어 있었다. 그때는 그 밀가루 개떡이 어찌나 맛있었던지 그 어떤 간식보다 맛있었다. 그러다 서울로 올라온 해, 5학년이었나? 어느 날 엄마가 전기밥솥 같은 빵 찌는 기계를 가지고 오셔서는 그 기계 안에 밀가루랑 재료를 넣고 반죽해서 기다리니 빵이 만들어졌다. 어린 내 눈에는 요술램프만큼 신기했었다. 시간이 되어 열면 온 집안에 빵 냄새가 퍼지면서 둥그렇고 두툼한 빵이 나왔는데 그동안 맛있다고 생각했던 밀가루 개떡을 잊을 만큼 아니 비교가 안 되게 진짜 맛있었다. 제과점 빵을 먹어 본 적 없는 우리에게 그때 그 빵은 세상에서 제일 맛있는 빵이었다.

속에 허기가 지니 밀가루 개떡도 먹고 싶고, 그 옛날 빵 기계로 만들어 주셨던 빵도 먹고 싶어진다. 엄마 닮은 맛의 그 빵이. 아무래도 계란을 삶아야겠다.

연세 칠십이 넘어 위를 많이 절제하시고 하루에 작은 양의 밥을 다섯 번에 나누어 드신다. 엄마 모시고 함께 사는 언니가 어찌나 살뜰히 엄마를 챙기는지 아직까지 건강하셔서 너무나 감사하다. 뭐하나 갖고 싶다, 먹고 싶다, 입고 싶다, 탐한 적 없는 분이시다.

요즘도 새벽이면 일어나셔서 수영장을 가신다. 가실 때면 이 것저것 챙겨서는 수영장에서 만난 분들에게 또 가져다 드리신 다. 가끔은 두 손 가득 받아 오시기도 하신다. 그래서 행복하시 다는 분이시다. 뭐든 두 개가 있으면 갖고 있는 것이 죄스럽고 부담되어 누구든 나누어 주시고, 본인 눈에 예쁘면 거저 주고, 본인 입에 맛있으면 누구든 불러 함께 드시는 분이시다. 앞으로 도 더 건강하셔서 항상 일거리 만들어 아프면 어쩌려고 그러냐 는 언니 눈총 받으면서 여기저기 퍼 나르며 사셨으면 좋겠다. 퍼 주어야 행복한 울 엄마니까.

7

소자에게 주는
물 한 그릇처럼

엄마와 같이 아빠도 참 많이 여기저기 도와주고 누구든 힘들다 하면 그냥 지나치지 못하신 분이셨다. 그런데 두 분의 섬김과 나눔에는 분명 다른 점이 있다.

엄마의 섬김과 나눔이 하나님 말씀과 사랑 안에서 주님의 이름으로 기도 가운데 이루어진 것이라면, 아빠는 사람들로부터 관심과 사랑을 받고 싶은 마음에서 시작된 것이었다. 누군가를 위해 도움을 주기 위해 애쓰고, 문제를 해결하기 위해 정신없이 사람을 만나고 다니실 때는 인생이 살맛나는 사람처럼 신나하셨다. 아빠가 신나고 재밌어 하며 다니는 시간만큼 비용이 나갔다. 만나는 사람마다 식사를 본인이 사야만 했다. 절대로 누군가가 사는 식사를 드시지 않으셨다. 연세가 칠십이 넘으셨는데도 구청이든, 복지과 직원이든, 누구든 만나면 아빠가 식사를 사셨다. 누군가를 위해 자비 털어 가며 도와주고도 감사인사를 받는 자리에서도 본인이 식사비를 내셨다. 그래야만 하셨다.

교생실습 나온 학생들에게 밥을 사고, 택시비까지 주시는 분이셨다. 교생들을 데리고 나가서 힘들지 않느냐며 따뜻한 밥을 자주 사 주시는 너무나 좋은 주임 선생님이었고, 밤길 위험하니 택시 타고 가라며 3만 원씩 주는 젠틀한 교감 선생님이었지만 자식인 우리는 용돈을 받은 적이 없었다. 오히려 우리가 아껴서 아빠에게 용돈을 드렸다. 아빠는 교생들이 고맙다고 멋지다고 하는 그 인사가 너무나 좋았던 것이다. 그런데 교생들이 일 년에 한 번만 오는 것이 아니라 4월부터 시작되는 교생실습은 겨울이 되어야 끝났다. 아마도 그 순간이 자신이 인정받고 있다고 느끼는 순간이었나 보다.

특수학교 지체장애 학생들을 데리고 조각을 가르쳐서 바자회를 한다며 아빠는 모든 재료를 최고급으로 준비하셨다. 그때 처음 알았다. 조각칼이 그리도 비싼지, 수입 나무가 얼마나 비싼지. 그 비싼 수입 나무들이 예배당 한쪽에 배달되어 오고, 날카로운 조각칼들이 매일 같이 아빠 손에 들려서 쌓였다. 그때 엄마는 좋은 일하는 것이니 기다려 보자 했다. 여름 내내 학교로 출근하셔서 지체장애 학생들을 데리고 조각을 가르쳤다. 그리고 6개월 뒤 바자회가 끝났을 때는 2천만 원의 빚이 남았고, 바자회 때 학생들 작품을 판매한 3백만 원은 학교에 장학금으로 내놓으셨다.

밖에서는 천사 장로님이셨지만, 우리는 아빠의 활동비를 갚느라 참으로 힘든 시간을 보내야 했다. 호떡 장사를 하며 어렵게 사시는 부천의 성도를 위해서는 섬 학교 관리직에 취직시켜준다며, 많은 사람을 만나 식사하고, 선물까지 하셨다. 그분은 섬 학교 관리직에 취직을 하셔서 애들 네 명을 다 공부 잘 시키고 안정된 노후를 보내시고 계시니 잘한 일이지만 기도하며 하신 일이 아니기에 돈이 많이 들었다. 그 모든 경비를 아빠가 감당하시면서 일을 진행하셨다. 그분들이 찾아오셔서 부탁한 것이 아니었다. 가난하게 사는 것이 안쓰럽다며 아빠 혼자서 하신 일이었다. 어렵고 힘든 사람을 보면 아빠는 움직이신다. 아빠의 방법으로. 상대의 의사도 듣지 않고 오히려 설득하시면서 그 일을 이루기 위해 모든 시간과 경비를 동원하셨다.

본인은 항상 좋은 일을 한다고 시작하지만 빚만 떠안고 그것을 갚아야 하니 월급은 한 번도 가져온 적 없으시고, 돈이 여유가 있어야 안심이 되는 분이시기에 엄마를 항상 힘들게 하셨다. 예전처럼 술에 취해 폭력을 사용하지는 않으셨지만, 화를 내며 물건을 던지지는 않으셨지만 대신 욕설과 폭언을 하셨다. 은행 빚을 갚고 통장에 돈을 넣어 드릴 때까지 아빠의 분노는 계속 되었다. 마치 마약을 복용해야 하는 환자처럼 말이다.

아빠에게 돈은 마약과 같았다. 돈으로 사람들의 관심과 인사를 받고, 돈이 없어지면 사람들을 만날 수 없기에 불안해 하셨다. 돈과 상관없이 사람을 만나고 관계를 유지할 수 있다는 것을 모르시는 분이셨다. 그것은 하나님의 사랑과 은혜로 충분하신 분이 아니셨기 때문이다. 그렇게 돈으로 유지된 관계들은 시간이 지나면서 사라졌다. 아빠는 치매로 고생하시기 전까지 매주 복권을 사셨다. 평생 샀지만 단 한 번도 당첨된 적이 없었다. 그 긴 시간을 샀다면 1등이 아니어도 2등은 한 번쯤은 당첨되어야 하는 것은 아닐까 생각해 본 적이 있었는데 그것은 하나님이 아빠를 사랑하신 방법이었다. 돈이 마약인 우리 아빠에게 큰돈은 생명을 위협하는 위험한 것이기 때문이다.

아빠에게 좋은 취미 생활을 갖게 해 주고 싶어(건강에 관심이 많으시니) 수지침을 배우시라 하면 모든 도구를 최고급으로 장만하셨다. 사진을 권하면서 자연을 가까이 하며 사진을 찍으시면 좋지 않을까 싶었고 아빠도 다른 때와 달리 아주 좋아하셨는데 카메라부터 필름, 사진 찍는 실습비와 자연이 아닌 사람 모델을 찍는다며 모델료까지 수백만 원이 일시불로 빠져나갔다. 그래도 아빠가 취미생활을 하시면서 좋은 친구 분들을 사귀고 함께

유익한 시간을 보내면 좋았을 텐데 아빠는 서각을 배우셔도, 골프를 배우셔도 그곳에서 귀신처럼 아빠의 성품을 꿰뚫어 보시는 분들을 통해 전혀 현실적이지 않은 사업 이야기와 아빠를 필요로 하는 곳이 너무도 많은 세상 속으로 들어갔다.

아빠의 나눔과 도움이 하나님의 이름으로 이루어진 것이었다면 너무나 좋았을 텐데 하는 아쉬움이 크다. 그렇기 때문에 아빠는 좋은 일 한다며 그렇게 바쁘게 다니시고, 본인이 대신 머리 굽혀 가며 부탁하고, 식사를 대접하여, 일을 성취해도 공허함 밖에 없었다. 당사자가 부탁해서 시작한 일도 있지만 본인이 나서서 시작한 일이 더 많았기에 일이 잘 안되면 불안해하시고 더 안달이 나셔서 매달렸고, 속이 상해 술을 드셨다.

그런 모습을 오랜 시간 지켜본 우리는 주님의 이름으로 섬기는 것과 그냥 동정심으로, 내 만족으로 하는 섬김의 차이를 분명히 알았다. 그 안에는 기쁨과 감사, 풍요함이 달랐다. 주님의 이름으로 소자에게 물 한 그릇을 주는 것에는 기쁨이 있고, 감사가 있었다. 작은 것일지라도 주님이 잊지 않는다 하셨기에 풍요함이 있었다.

이기적인 삶이어서는 안 된다. 이 땅에서 살면서 도움을 받기도 하고, 도움을 주기도 하며 살아야 한다. 누군가의 섬김을 받기도 하고, 나 또한 섬기며 살아야 한다. 중요한 것은 그 안에 주님의 이름이 있어야 한다는 것이다. 하나님이 주시는 은혜의 감사함이 동기가 되어야 한다는 것이다.

하나님이 주시는 새 날의 아침을 맞을 때마다 '오늘 혹시나 물 한 그릇 대접한다면 주님의 이름으로 해야 함을 잊지 말아야지.' '하나님이 주시는 은혜로 섬겨야지.' 하고 다짐한다.

사랑의
삶

사랑의 하나님을 알게 해 주신 분

(2013년 5월 8일)

나에게는 친정 엄마가 계시다. 모두가 다 친정 엄마가 있겠지만 우리 엄마는, 설핏 잠든 내 머리를 쓰다듬어 주시고, 어려서는 새벽예배 다녀오신 차가운 손을 우리 머리 위에 얹으시고 기도해 주셨다.

자식 위해서는 아까운 것이 없는 그런 친정 엄마, 예쁘다 참 예쁘다 해 주시는 친정 엄마가 난 있다. 뭘 보면 보내 주고 싶어 모으고 또 모았다가 불편한 노구를 끌고 우체국으로 가는 친정 엄마가 난 있다. 지나가는 말로 곶감 먹고 싶다, 쑥개떡 먹고 싶다, 홍시가 생각난다 하면 바로 우체국 가서 비행기로 보내시는 친정 엄마가 있다.

간장게장 드시다가 멀리 있는 딸이 목에 걸려서 비행기로 보냈고, 흘러내린 게장 국물에 헝가리 우체국 직원들이 도대체 무슨 냄새냐는 질문에 피쉬 소스라고 대충 얼버무리고 받아 와서는 눈물 흘리며 먹는 나는 너무나 행복하다. 무엇이 중요한지, 무엇이 우선순위인지를 아는 지혜로운 친정 엄마가 있다. 자라면서 한 번도 성적표를 보여 달란 적이 없는, 시험이 언제냐고 물어본 적이 없는 하지만 본인이 책을 가까이 하시면서 본을 보여 주신 친정 엄마가 있다.

그런데 엄마에게는 친정 엄마가 안 계시다. 대신에 20살에 4명의 아이가 있는 외할아버지에게 시집온 어린 새엄마가 계셨다. 나라가 혼란스러운 시대에 태어나셨기에 유복한 집안이셨지만 젊은 나이에 과부가 되는 것보다야 낫다며 전실 자식 넷이나 있는 집에 시집오셔서 층층시하 어른 모시고 사느라 힘든 새어머니는 나이차 얼마 안 나는 전실 자식들과 살갑게 지내지 못하셨다. 무엇보다 시집와서 아이 둘을 낳자마자 잃고 딸 넷에 아들 하나를 낳아서 키우다 보니 다 큰 전실 자식들 챙길 여력이 없었는지도 모르겠다.

대가족 속에서 어려서는 예배당에 갔다가 늦은 저녁에 들어와 굶는 것이 일상이었다고 한다. 엄마의 할머니는 집안 단속을 목소리 높이는 것으로 하셨기에 차라리 굶고 잠드는 것이 그나마 집안 조용히 하는 것이었기 때문이다. 매일 같이 조용할 날 없으니 친정 엄마는 본인만이라도 침묵하며 사셨다.

중매로 선보고 시집가는 날도 혼수는 없었다고 했다. 작은 어머니가 이불은 가져가야 한다며 새 이불 만들어 몰래 숨겨 놓은 것을 시집가기 전날 새어머니에게 들켰고 그 이불을 새어머니 본인이 덮고 주무셨단다. 시집가는 날 친정 엄마가 앉으셔야 하는 자리에는 새어머니가 아닌 작은 어머니가 친정아버지 곁에 앉아 계셨고 결국 숟가락 젓가락 달랑 들고 시집을 가신 친정 엄마는 그것이 평생 서러움으로 남으셨다. 그래서 딸들 시집보낼 때 제일 예쁜 이불을 해 주고 싶어 하셨다.

어느 날 본인에게도 꿈이 있었다고 쓸쓸히 독백처럼 말씀하시곤 했던 엄마, 본인의 꿈을 말할 친정 엄마가 안 계셨고, 누구도 관심을 가져 주지 않았던 엄마의 학창 시절. 그저 투명인간처럼 그렇게 눈에 안 띄게 조용히 살아야 학교를 다닐 수 있었다고 했다. 신문사와 인쇄소를 하시며 재력이 있는 외할아버지는 러시아, 만주를 돌아다니셨고, 나중에는 정치하신다며 선거 몇 번에 집안 가세가 기울어졌다.

공부가 너무 하고 싶은 엄마는 계집애를 무슨 공부시키느냐며 학교 가지 말라는 할머니에게 고집 한번 부리지 않으셨던 분이 중학교, 고등학교를 가기 위해서 몇날 며칠을 밥을 굶고 울었다고 한다. 등록금을 못 내서 학교 급사로 일도 하시고, 외할

그래, 그럴 수도 있지

아버지 인쇄소에서 종이를 가져다가 팔기도 하면서 겨우겨우 공부했지만 결국 고등학교 마지막 등록금을 내지 못해서 졸업장을 받을 수 없었다는 엄마.

　　양가 집안 선보고 하는 결혼도 안하고 싶다고 떼를 쓸 수도 없었다. 시키는 대로, 가라는 대로 그리 시집을 갔고, 고된 시집살이에도 하소연할 친정이 없었다. 밖으로만 돌고 빚만 지는 남편 때문에 하루도 편할 날이 없었지만 품에 안고 함께 울어 줄 친정 엄마가 없었다. 술 먹고 빚지고 행패를 부리는 사위에게 어떻게 그럴 수 있느냐고, 눈 오는 날 그 먼 길을 걸어와서는 무릎 꿇고 결혼을 허락해 달라 하더니 몹쓸 사람이라고 야단쳐 줄 친정 엄마가 엄마에게는 없었다. 그 야속하고 밉던 사위가 사고로 시체처럼 되었을 때 딸과 함께 가슴 치며 울어 주면서 "걱정 말아라, 괜찮을 거다." 하고 손잡아 줄 그런 친정 엄마가 없었다. 손녀, 손자들이 다 잘 자라 사위, 며느리 효 받으며 사는 딸을 보면서 환희 웃어 주는, "참 좋다 이런 날이 다 있구나." 하며 함께 행복해 할 친정 엄마가 엄마에게는 없다. 그래서 올 어버이날에는 더 가슴이 저리다. 미안해서, 고마워서 그리고 나에게 훌륭한 친정 엄마가 계심에 감사해서.

　　2013년 5월 8일, 어버이날 멀리서 친정 엄마에 대한 그리움과 미안함으로 잠이 오지 않아서 밤늦게 쓴 글이다. 자식인 우리는 그저 엄마한테 미안하고 고마운데 엄마는 오히려 우리에게 고맙다고 하신다.

"너희들이 다 가정 이루고 애들 잘 키우고 이렇게 사니 난 그저 고맙고 하나님께 감사드린다."

엄마는 우리에게 야단치거나 화내거나 다그친 적이 없으셨다. 내가 결혼해서 애를 키우다 보니 참 쉽지 않은 일이었다. 엄마는 어떻게 그럴 수 있었을까? 항상 우리에게 무엇을 요구한 적이 없으셨다. 단 하나 신앙생활, 즉 성경말씀 읽고 기도생활 하는 것 외에는 항상 같은 말씀만 하신다.

"고맙다. 참 잘한다."

딸, 아들, 며느리, 손자, 가족만이 아니라 교회 청년, 만나는 모든 사람에게 똑같이 그리 하신다.

지금 뇌종양 수술 받고 투병중인 며느리에게는 결혼한 날부터 지금까지 한결같이 "우리 며느리가 최고다." "네가 우리 며느리라 난 참 감사하다." "우리 며느리가 지혜롭지, 우리 며느리가 똑똑하지 하신다." 진심이기에 며느리도 "난 우리 어머니가 제일 좋아요." 하면서 시어머니만 찾는다. 뇌수술 받고 힘든 상황에서도 매일 같이 시어머니가 언제 오나 기다리고, 오시면 "기도해 주세요." "다리 주물러 주세요." 한다. 우리가 어쩌다 불평이라도 할라치면 '그럴 수도 있다.' 거기까지만 하신다. 평생 내가 본받고 따라가야 할 길이다.

언제였나? 아마도 작은 딸을 낳고 신앙적으로 좀 힘들었을 때였나 보다. 이런저런 내 이야기를 들으시던 친정 엄마가 나에게 이런 말씀을 해 주셨다.

"선미야, 우리가 아버지, 아버지 부르니까 어쩌면 네 아버지 생각이 나서 더 그런가 보다. 하나님은 우리가 아버지라고 부르지만 어머니의 성품도 분명히 있으시다. 창세기에 보면 죄를 짓고 숨은 아담과 하와의 옷을 직접 지어 입히셨다고 기록되어 있지 않냐. 또 이스라엘 백성들은 날개 아래 품어 보호하셨다고 하지 않냐? 그러니까 하나님 아버지라고 부르면서 기도하지만 친정 엄마 같다 생각해라. 하나님을 섬길 때 시어머니처럼 하지 말고 친정 엄마처럼 편하게 속에 있는 모든 투정도 속상함도 복잡한 머릿속 생각도 다 친정 엄마한테 말하듯 그렇게 하면 하나님도 기뻐하시지."

친정 엄마처럼 생각하라는 엄마 말씀이 내 가슴에 담겼고 정말 그때부터 나에게 하나님은 따뜻하고 편한 분이 되셨다. 친정 엄마 같은 하나님과 지혜로운 친정 엄마가 계셔서 너무나 감사하고 행복하다.

2

괜찮다, 그럴 수도 있지
(2006년 2월 12일에 쓴 글)

작년 여름 끝에 엄마가 잠깐 다녀갔다. 한국으로 돌아가시면서 내게 한 가지를 말씀해 주셨다.

"내가 살아보니 다 똑같더라. 그저 그럴 수도 있지 하면서 살아라. 이제 이 나이가 되고 보니 정말 그럴 수도 있더라. 자꾸만 그럴 수도 있지 생각하면서 살아라."

그리고 힘든 일이 있을 때마다 혼잣말을 해 봤다.

"그럴 수도 있지, 그럴 수도 있지."

한 열 번 정도가 되면 화가 치밀어 올라오면서 "어떻게 그럴 수가 있어. 그러면 안 되는 거지." 하면서 실패했다. 그렇게 여러 번의 실패를 거듭하면서 시간이 지났고 어느 순간부터 "정말 그럴 수도 있겠다." 하고 마음이 움직이기 시작했다. 어떤 해결

그래, 그럴 수도 있지

책이 생긴 건 아니었지만 그렇다고 관계에 변화가 생긴 것도 아니었지만 "그럴 수도 있지." 하면서 "그럴 수밖에 없는, 내가 알 수 없는 이유가 있겠지."라는 생각이 들었다.

그러자 또 다른 두려움이 나를 위축시켰다. 사람들의 눈과 입이 무섭지만 무엇보다도 꼭꼭 숨겨 놓은 그들의 상처가 제일 두려웠다. 너무나 잘 숨겨져 있기에 간혹 본인들도 모르게 숨겨져 있는 상처이기에 누군가가 툭 쳐서 건드렸을 때 아프다고 비명을 지르듯 바라보는 눈빛과 돌려 말하는 비수 같은 말이 너무나 무서웠다. 다리뼈가 부러져 깁스를 했거나 칼에 베어 밴드를 붙인 손을 모르고 건드렸을 때는 "미안해요. 많이 아프세요? 죄송합니다." 하면 설령 아플 지라도 "괜찮아요." 하면서 용서해 준다. 왜냐하면 서로가 실수라는 것을 알기에 흔쾌히 사과를 받아 준다.

하지만 어느 누구도 알 수 없는 숨겨져 있는 마음의 상처는 다친 사람은 아프고, 건드린 사람은 모르기에 힘들고, 아프다고 말하지 않으면 서로 오해 속에서 긴 시간을 보내는 경우가 많다. 용기내서 표현을 하면 서로 배려하기에 같은 실수를 반복하지 않고 더 편안하고 좋은 관계가 되기도 한다. 하지만 "별것도 아닌 것에 왜 그렇게 예민하게 그래?"라든가 "그 정도 상처가 무슨 상처라고?" 하며 무시한다면 그 관계는 더 이상 유지할 수 없게 된다. 내가 상처를 줬다고 하는 사람, 나에게 상처를 준 사람을 향해 엄마가 말씀해 주고 가신 주문을 외우고 또 외운다.

"그래 그럴 수도 있지, 그럼 그럴 수도 있는 거야."

2018년, 지금도 어쩌다 엄마한테 전화를 하면 다 듣고 난 엄마의 답은 항상 같다.

"그럴 수도 있지."

그런데 내 마음은 아직도 훈련이 안되어서 그럴 수도 있지가 될 때가 있고, "엄마니까 그렇지 어떻게 그럴 수도 있지 해? 그러면 안 되는 거잖아."라고 반발심이 생길 때도 있다.

"도덕의 잣대로, 신앙인이면 최소한 양심은 있어야지. 아니 그것도 떠나서 인간이니까 그렇게까지 하면 안 되는 거니까." 등등 많은 생각이 들면서 속상함과 억울한 감정이 커서 말하면, 엄마는 엄마 특유의 느린 언어로 또 말씀하셨다.

"선미야, 세상 살아보면 그럴 수도 있지 하고 넘어가면 되더라."

이제 생각하니 엄마는 모든 환경에서 주관자 되시는 하나님의 일하심을 믿으시기 때문에 가능한 것이었다. 지금 이 관계에서도, 지금 이 상황도, 환경도 하나님 없이 일어난 것이 아니라고, 분명 무슨 뜻이 있음이라고, 시간을 두고 지켜보시기에 가능했다. 문제에 집중하지 않으셨고, 지금 당장 해결되기를 바라지도 않으셨다. 억울하고 분한 본인의 감정에 빠지지도 않으셨다. 그저 이 모든 일을 알고 계시고, 보고 계시고, 일하고 계시는 하나님의 뜻을 알고자 집중하셨다.

내가 나이 오십을 넘기고 보니 조금 한숨 돌릴 여유가 생기더라는 것이다. 한걸음 뒤에서 문제를 볼 여유가 생기고, 사람들의 격앙된 음성과 표정, 핏대 세우며 각자의 의견을 관철시키고 이해시키기 위해 온 신경을 집중하고 있는 그들을 볼 수 있고, 목숨 걸고 명분을 내세우며 이 일이 내 인생의 승패를 가늠하는 일인양 매달리는 그들이 안쓰럽게 보이기 시작했다. 마치 오늘만 있고 내일은 없는 사람들처럼 정말 그랬다. 내일이 없는 사람들처럼 화를 내고 속이고 거짓말하고 사랑으로 포장해서 간음죄를 짓고, 물질로 죄를 지었다. 또한 천국의 소망이 없기에 이 땅에서 더 많이 누리고 소유하고 싶어 하며, 나만 누리는 것이 아니라 자식까지 편안한 삶을 보장해 주고 싶어 많은 것을 가지려 애쓴다. 이 모습이 세상에서의 모습이어야 하는데 교회 안에서도 그랬기에 실망이 너무 컸다. 그런 나에게 엄마가 해주신 말씀이었다.

"그럴 수도 있지."

내가 모르는 그 무엇이 있는 것일 테니까. 무엇보다 이 일 가운데 하나님이 계심이 확실하니까.

어느 날 술 취한 막내 시동생이 술 취해 자고 있던 큰형을 몽둥이로 복날 개잡듯 그리 팼다. 밤새 매 맞고 죽었거니 생각하고 가마니로 덮어 놓은 남편을 읍내에서 전화 받고 달려와 택시에 싣고 처녀 적에 다니던 예배당에 숨만 조금 붙어 있는 남편을 눕혀 놓고 그저 하나님만 바라보고 기도했다. 남편을 살려 달라고. 살려만 주시면 이제부터 하나님만 바라보고 하나님 일만 하겠다고. 과부로 하나님 일을 하면 과부라서 먹고 살기 위해 전도사 한다 하니 남편 건강하게 살려서 교장으로 정년퇴직하게 해 주시고. 이제부터 주의 종으로만 살 테니 내 자식들은 하나님이 알아서 학교도 보내고 길을 열어 달라고 그리 기도했다. 기적처럼 하나님의 치료하심으로 남편은 살았다.

남들은 생각지도 못한 많은 일들을 겪으며 살아온 엄마는 웬만한 일은 "그럴 수도 있더라." "살다 보니 그럴 수도 있지." "괜찮다." 하셨다. 평생 그때의 아픔과 상처가 공포와 불안의 트라우마로 남아 있었지만 어쨌든 특수학교 교장으로 퇴직을 하셨고, 삼 남매 모두 대학과 대학원을 나와 믿음 안에서 생활하니 엄마의 기도를 하나님이 들어 주셨음이 분명하다. 팔십 평생 살아오시면서 가장 많이 하시는 말씀이 "괜찮다. 그럴 수도 있

그래, 그럴 수도 있지

지." "그래. 그럴 수도 있어."이다.

　아직 부족한 나는 쉽게 나오지 않는 말이다. 연습하고 또 연습하면서 "그럴 수도 있지." 한다. 이렇게 연습하다 보면 언젠가는 엄마처럼 그리 살게 되겠지.

어찌 이리도 차고 넘치게 주십니까

(2008년 4월에 쓴 글)

뜨거운 물 콸콸 틀어 설거지하다가 엄마 생각이 났다. 난 언제나 설거지할 때는 아주 뜨거운 물로 한다. 고무장갑을 끼고 좀 뜨겁다 싶을 정도의 물로 그릇을 씻고 나면 속이 다 시원하다.

내가 초등학교 5학년 때 서울로 올라와 살림살이가 힘겨울 때, 제일 힘든 것이 물 사용이었다. 우리야 어리고 철없던 시절이었으니 힘든 것이 피부로 느껴지지 않았다. 그냥 엄마랑 한집에 사니 매일이 재미있고 시골보다는 서울 학교가 뭔지 모르게 정신없이 바쁘고 교회에서 친구 사귀어서 노느라 시간이 부족했고 걱정이야 어른들 몫이었다. 윗동네에서 살 때는 낮에는 물이 잘 안 나와서 고생하고, 아랫동네 개미굴에서는 공동 수도를 사용해야 하는 엄마는 매일 물 때문에 힘들었다. 그때 엄마

그래, 그럴 수도 있지

는 힘겨운 목소리로 "원 없이 물 한번 써 봤으면 좋겠다." 하시곤 했다.

중학교 입학하면서 제물포로 이사하여 살 때에는 밤 12시가 넘어야 수돗물이 찔끔찔끔 나왔다. 아랫동네 집이 물을 다 사용하고 난 뒤에야 윗동네 집에 물이 올라오기 때문이다. 모두가 잠든 밤, 엄마 혼자서 밤 12시가 넘어 피곤한 눈꺼풀을 들어 올리고 나가셔서 수도를 틀고 밤새 물을 받으셨다. 한 통이 차면 다시 빈 통으로 바꾸어 놓으시기를 반복하시면서 밤 12시부터 깨어서 물을 받으시다가 새벽 4시 30분이면 새벽예배를 가시곤 하셨다. 어떤 때는 물이 나오다 말아서 우리 네 식구 세수하고 아침 지으면 끝일 때도 있었다. 그런 날은 낮에는 당연히 물이 안 나오니 아래에 있는 우물에 가서 물을 길어 와야 했다. 가끔 언니랑 내려가서 우물물에서 걸레나 신발 같은 간단한 빨래를 했었다. 그때 참 이상했었다. 수돗물로 빨래를 하면 부드러운데 우물물로 빨래를 하면 뻣뻣했었다. 그래서 나는 수돗물이 진짜 좋은 물이라고 생각하곤 했었다.

겨울이 되어 수도가 얼면 소방차가 중간까지 올라와서 물을 공급했다. 그러면 엄마, 언니, 나 모두 통을 들고 나가 줄을 서서 물을 받아 들고 올라오곤 했는데 사실 가져간 통에 물을 가득 받질 못했었다. 소방차의 수압이 너무 세서 물이 거의 다 밖

으로 흘러넘치고 뒤에서는 빨리빨리 하라며 성화이니 통에 물
이 차자마자 비켜서야 하고 미끄러운 언덕을 출렁출렁 들고 올
라오면 1/3이 비었다. 어린 내 맘에도 버려진 물이 어찌나 아깝
고 속상했는지 모른다. 매일 엄마는 식사 준비며, 빨래, 청소 등
물 사용할 곳이 많은데 이렇게 물이 속을 썩이니 언제나 "물 좀
원 없이 써봤으면 좋겠다."고 혼잣말을 하시곤 했다.

그러다 부천으로 이사해서는 아랫동네에서 사니 물 걱정이
없었다. 우물물을 찾으러 갈 일도 없고, 부드러운 수돗물을 편
하게 사용하니 너무나 좋았다. 그러다 고등학교 때 화곡동으
로 이사를 하면서 지하방에서 살았다. 장마철이면 지하방에 물
이 찼다. 처음에 물이 차올라서 부엌이 잠길 때는 온 식구가 자
다가 어찌나 놀랐던지 한밤중에 온 식구가 바가지, 그릇, 쓰레
받기 등을 들고 물을 퍼내다가 아침이 되어 퍼내고 퍼내도 물이
차올라서 그저 안방으로 물이 들어가면 안 된다는 생각에 밥도
못 먹고, 학교도 가지 않고 물을 퍼냈다.

그때 엄마는 또 하늘보고 그러셨다.

"에휴, 물 좀 원 없이 써보면 소원이 없다 했더니 진짜 원 없이
주십니다. 어째 이리도 누르고 흔들어 차고 넘치도록 주십니까."

엄마 말에 우리 모두 배를 잡고 웃었다. 참 이상한 것은 우린
진짜 많이 웃으면서 물을 펐다는 것이다. 다들 옷 꼬락서니며

머리는 산발에 그리고 한마디씩 하는 말이 너무 웃겨서 허리가 아팠고, 물 퍼내느라 허리가 아팠다. 시간이 지나 역류하던 물이 멈추고 발목까지 물이 찼을 때 식탁에 앉아 라면도 끓여 먹고 찬밥도 꺼내 먹으며 현실이 아닌듯 무슨 재밌는 놀이를 한 것처럼 그렇게 힘든 시간이 지나갔다.

장마가 끝나면 모든 옷이며 이불 널어 말리고 지하방 곰팡이 말리느라 하루 종일 선풍기를 틀어 놓았다. 엄마는 유난히 이불에 신경쓰셨다. 그 바쁜 와중에도 하얀 이불보에 풀 먹여 뽀송뽀송하게 해서 언제나 깔아 주셨다. 풀 먹인 이불에서 나는 그 냄새를 참 좋아했다. 하지만 난 간편하게 햇빛 아래 이불을 널어서 햇빛 냄새 가득 담아 딸들 덮어 주는 것으로 대신한다. 엄마처럼 빨아서 풀 먹여 뽀송뽀송하게 하지 못하고 말이다. 이제 자식 낳아 키우며 살아 보니 힘들고 어려운 때일수록 웃으며 살기가 얼마나 힘든지 알겠다. 삶이 힘들고 고달파 웃기가 힘들었을 텐데도 엄마는 아주 작은 일로 웃음을 만들곤 하셨다.

저녁 설거지 하다가 갑자기 물 걱정 없이 이리 사니 참으로 복 받았구나 싶다. 뜨거운 물 콸콸 나오고 찬물도 잘 나오고. 욕조에 물 받아 두 딸이 저리 한 시간 넘게 물장난하며 웃음소리 문밖까지 들리고. 이 시간이 감사하고 행복하다.

지금도 물 안 나오는 그런 곳이 서울 하늘 아래에 있을까?

있겠지?

있을 것이다.

우리나라가 좋아져서겠지만 이젠 물 걱정 없이 사시는 엄마가 좋다. 뜨거운 물, 찬물 언제든 콸콸 쏟아지는 집에서 여기저기 나눠 줄 김치를 담그시고, 오이짠지 항아리마다 담그시고, 빈병 씻어 말려서는 매실 담아 나눠 주시는 재미로 사시는 엄마가 계셔서 참 좋다. 뭐만 조금 있어도 여기저기 전화해서 빨리 오라 해서 들려 보내고, 일 때문에 들러도 빈손으로 안 보내고 이것저것 챙겨서 들려 보내는 엄마는 이젠 더 이상 물 걱정을 안 하신다. 참으로 감사하다.

언제든 안아
품어 주시는 분

우리 집은 누구든지 언제나 와서 머물 수 있는 곳이었다. 엄마나 아빠가 상황을 설명하고 우리에게 양해를 구하거나 협조를 구하는 그런 것이 아니었다. 그냥 손님이 오셔서 머무시면 그러려니 생각했었다. 언니가 고 3이 되어도, 내가 고 3이 되어도 남동생이 고 3이 아니라 재수를 할 때도 똑같았다. 엄마에겐 우리의 공부나 대학보다 하나님 말씀 안에서 그 뜻을 좇아 사는 것이 무엇보다 중요했고, 고난 속에 있는 분들 손을 잡고 함께 하나님 말씀으로 기도하며 이겨 내는 것이 중요했기 때문이다.

찾아오시는 분이 그 당시에는 절박한 마음에 어렵게 오시는 분이셨기에 그저 허리 펴고 다리 뻗고 누울 수 있게 하고, 따뜻한 밥 한 공기면 되었다. 말 그대로 숟가락만 하나 얹은 정도였다. 그때도 우리는 방 2개 지하방이거나, 반지하였고 그 방 2개에 여자들이 한 방, 남자들이 한 방이었다.

엄마를 찾아올 수 없는 환경에 처한 분이 삶을 놓고 싶을 만큼 힘들어서 연락하면 아무리 육신이 피곤하고 힘들어도 새벽이든, 아침이든, 오후든 꼭 찾아가셔서 손이라도 잡아 주셨고 소리 내어 기도할 수 없는 상황이면 "아버지….".라도 부르며 조용히 기도하고 오셨다. 어쩌면 그건 예수 믿는다고 이혼하라는 시댁 피해 도망 다니실 때 연락할 곳 하나 없어 막막하셨던 본인 생각이 났기 때문인지도 모르겠다. 살 길이 막막할 때 우리 다섯 식구 함께 있을 방 한 칸이 없어 어린 두 딸을 남편 폐인 만들어 쫓아낸 시대으로 다시 등 떠밀어 보내고 하나님만 바라보며 울던 시간이 생각났기 때문인지도 모르겠다.

하나님이 이곳까지 발걸음을 인도하셨으니 하나님의 계획이 있으실 것이라 믿고 다섯 식구 눕기도 비좁은 방에서 함께 지냈다. 내가 중학생일 때 엄마가 군산에서 가르친 여학생이 주소 한 장 들고 서울로 찾아온 언니가 있었다. 현숙 언니는 고등학교를 졸업하자마자 무작정 왔고 현숙 언니는 몇 년을 함께 살면서 직장을 다녔고 결혼도 했다,

내가 고등학교 때는, 엄마가 지방 어딘가로 부흥회를 다녀오신 며칠 뒤에 60도 훌쩍 넘으신 할머니 한 분이 주소 한 장 달랑

그래, 그럴 수도 있지

들고 우리 집으로 오셨다. 무조건 목사님 곁에서 살고 싶다면서 말이다. 그때 우리 집은 주말이면 현숙 언니가 왔고, 사촌 오빠는 교회에서 자면서 신학교를 다닐 때였다. 또한 아빠의 사범학교 동창이 사고로 중환자실에 계셔서 두 자녀가 우리 집에서 함께 살았다. 그런데 연세 드신 할머니가 또 오신 것이다. 할머니는 많이 외로우셨는지 아니면 엄마가 딸 같은 생각이 드셨는지 무조건 목사님 곁에서 살고 싶다 하시며 예배당에서 주무시고, 낮에는 예배당 청소를 하시고 우리 집으로 오셔서 저녁 준비를 하셨다. 그렇게 할머니는 예배당에서 머무시다가 시골에 한 번씩 내려갔다 오실 때면 딸집 방문하시는 친정 엄마처럼 이것저것 들고 그렇게 오셔서는 짐을 풀어 놓으셨다. 닭을 잡아 오시기도 하시고, 나물이며 찹쌀이며 오로지 목사님 드린다며 그 연세에 들고 오셨다. 일 년 넘게 그렇게 엄마 옆에서 함께하시다가 내려가셨다.

어느 날, 엄마가 나보다 나이가 많은 언니랑 남동생보다 나이가 어린 남자 중학생을 데리고 오셨다. 아빠의 사범학교 여자 동창이셨던 분이 고속버스를 타고 가다가 갑자기 맹장이 터져서 응급실로 갔는데 수술 부위가 감염되었고, 당뇨가 있었기에 상황이 악화되어 의식 없이 지방 병원 응급실에 누워 계시다는 연락을 받자마자 엄마는 달려가셨다. 병원에 도착하니 엄마를

살려 달라며 복도에서 무릎 꿇고 기도하는 어린 딸과 함께 기도
하시고 서울에 있는 병원으로 옮겼지만 의식이 없었다. 내일이
막막한 상황인데 당장 어디 머물 곳이 없기에 대학교 1학년이었
던 큰딸은 휴학을 하고(나중에 자퇴를 했다.), 중학생 남동생과 함
께 우리 집으로 간단한 짐을 꾸려서 왔다. 큰아들은 대학 휴학
하고 자원입대를 했다. 엄마랑 함께 병원에 예배를 드리러 갔는
데 그때 파마머리를 하고 하얀 양복에 하얀 구두를 신으신 분이
다섯 살쯤 되는 어린 아들 손을 잡고 병실 앞에 서 계셨다. 오는
길에 들으니 남편이라고 했다. 지방에서 건달처럼 그렇게 살다
가 우연히 조카 담임 선생님(아빠의 사범학교 동창)을 보고 한눈에
반해서는 퇴근하는 선생님을 납치해서 여관방에 3일을 가두어
두고 성폭행을 하고 결혼했다고 했다.

그 시대는 그랬다. 소문날까 쉬쉬하면서 서둘러 결혼을 시켰
다고 했다. 아빠 표현을 빌리자면 사범학교 시절 제일 똑똑하고
활동적이며 친구 관계가 좋았던 동창이었다. 그런데 그렇게 끔
찍한 일을 겪고 결혼해서는 너무나 불행했고 남편은 그 이후에
도 계속 여자를 바꾸어서 동거생활을 유지했다고 했다. 그 남편
은 동거녀 사이에서 낳은 아들을 데리고 왔다. 어떻게 부인 병
실에 하얀 양복에 하얀 구두를 신고 올 수 있을까? 그리고 어쩔
수 없다고는 하지만 다섯 살 어린 아들을 데리고 온 것이 이해

가 안 갔다. 부인이 생사의 갈림길에서 의식 없이 시간이 지나면 식물인간이 될지도 모른다는 상황인데 말이다. 그리고 처음으로 우리 아빠는 배다른 동생은 만들지 않아서 고맙다는 생각을 했다. 그분의 이야기를 들으면서 처절한 슬픔과 함께 그 시대의 아픔이 느껴졌다. 딸의 상처보다, 앞으로 살아야 할 딸의 삶보다는 소문이 더 무서워서 서둘러 직업도 없는 건달에게 귀한 딸을 시집보낸 그때 그 시절이 더 끔찍했다. 그리고 세상이 변해서 #MeToo 운동이 그저 반갑기만 하다.

이 세상은 평화롭고 다복한 가정에서 사는 사람들은 이해하기 어려울 정도로 힘든 사람들이 있다. 어떻게 아이들 챙길 친척 하나 없느냐고 이해가 안 된다고 하는 사람들이 많을 것이다. 하지만 정말 그런 사람들이 있다. 사방을 둘러보아도 손 내밀 곳 하나 없고, 전화할 곳도 없는 사람들이 있다.

친정 엄마 또한 그런 어려움을 이겨 내셨기에 두 번도 생각하지 않으시고 그 언니랑 동생을 바로 우리 집으로 데리고 오셔서는 힘들고 어려운 시간을 곁에서 함께 기도하며 예배드리며 보냈다. 그렇게 몇 달이 지나 그 언니의 엄마는 의식을 되찾으셨지만 반신 마비로 휠체어에 의지해야 했다. 취직해서 남동생이랑 작은 방 얻어 나가 살면서도 언니는 밝은 표정으로 항상 감사하는 모습이었다. 언니는 결혼하고 딸을 낳은 뒤에도 자주 우리 집에 몸이 불편한 친정 엄마를 모시고 젖먹이 딸을 안고 놀러 오곤 했다. 그때 중학생이었던 동생은 안양에 있는 제빵제과 기술학교에서 공부했고, 내 결혼소식에 3단 웨딩케이크를 만들어서 가지고 왔다. 신부 입장하려고 서 있는 내 앞에 3단 웨딩케이크가 있었다. 예배당에서 하는 결혼식이라서 어디에 놓아야 하는지 몰라 그곳에 놓았었나 보다. 어찌나 예쁘던지, 그것은 내가 받을 선물이 아니었다. 엄마에게 전하는 마음을 내가 받은 것이다.

우리는 그때부터 나누고 섬기는 삶을 엄마를 통해 훈련받고 있었던 것이다. 남동생이 말레이시아에서 근무할 때는 교회 청년들이 남동생 집에 가서 한 달이 넘게 머물다가 오곤 했다. 두바이 근무 때도 그랬다. 남동생도 그랬지만 오히려 올케가 더 적극적으로 괜찮다고 언제든 와서 머물다 가라고, 문을 활짝 열고 환영했다. 그렇게 누구든 힘들다 하면 당장 오라고 해서는 함께 말씀 읽고 기도하면서 말레이시아, 두바이에서 잠시 숨을 돌리고 다시 힘을 내어 자기의 자리로 돌아가게 했다.

우리 집도 언제나 열려 있었다. 남편도 믿음의 집안에서 자랐기에 누구든지 언제든지 머물다 갈 수 있게 도와주었다. 특히 유학생에게 어려움이 생기면 거리나 시간을 개의치 않고 달려가 도와주었다. 미리 연락을 주시고 오시는 선교사님, 국경 넘으며 연락주시는 선교사님 일행, 얼굴도 모르는 여행 중 젊은이들, 여행 중에 건강에 문제가 생겨 연락주신 선교사님, 배낭여행하는 청년, 여권이며, 지갑 다 잃고 난감한 여학생 집에 데리고 와서 임시 여권 만들고 비행기표 사서 돌려보내는 일 등 어려운 일이 생기면 어떻게 알았는지 전화가 왔다. 그러면 남편은 언제나 달려가서 해결해 주고 우리 집으로 모시고 왔고, 아이들 방은 언제나 손님 방이 되었다. 아이들은 엄마 방에서 손님이 떠나실 때까지 함께 지내며 오히려 좋아했고, 더 커서는 손님이 오시면 알아서들 방 정리를 하고 안방으로 옮겨 왔다.

가끔 남편은 메일을 받고 나에게 전달해 준다. 우리 집에서 열흘을 머물렀던 청년이 결혼을 한다며 청첩장과 결혼사진을 보내온 것이다. "누구?"했다가 사진을 보고서야 "아~." 한다. 우리를 기억해서 이렇게 소식을 전해 주니 그저 고마웠다. 수많은 사람들이 머물고 가지만 가끔 이렇게 소식을 주시면 "맞다. 그때 그랬었지." 하며 기억하고 감사한다.

케냐 선교사님이 17년 전 작은 딸이 말라리아에 걸려 사경을 헤맬 때 헝가리 병원에 연락해 주고 치료할 동안 우리 집에 머물다가 돌아간 것이 고마웠는데 그때 태어난 아들이 헝가리에 가게 되었다며 인사를 하고 싶다는 연락을 주셨을 때도 기억해 주셔서 감사했다. 하지만 그때 태어난 아들이 우리를 만나서 무슨 말을 할까? 서로 어색하지 싶어 학회 일정으로 바쁠 청년 시간을 빼앗지 않고 마음만 고맙고 감사하다고 했다. 20년 전 형가리에 막 도착했을 때 우리 집에서 일주일을 머물렀고 가끔 들러 한국 음식을 해 주어서 먹었는데 시간이 지나니 너무나 감사했다는 전화에 오히려 내가 "감사합니다. 저에게 큰 위로가 되네요." 했다.

혹시 나도 이런 고마운 섬김을 받고 잊고 지내는 것은 아닌지 되돌아보게 된다. 우리가 자라면서 엄마로부터 배운 것이었다. 누구든지 절박한 상황이면 엄마는 함께 살았다. 그건 본인이 그런 삶을 살았었기에 가능한 것이었다. 숨막히게 힘든 고난의 터널을 지나셨기에 하늘 보고 막막한 마음에 넋 놓고 우는 이들의 손을 잡고 아파하며 그 시간을 곁에서 기도하며 말씀으로 함께하셨다. 끝날 것 같지 않은 고난의 터널을 열려 있는 예배당에 밤마다 찾아와 기도하는 그분들을 위해 함께 금식하며 "괜찮다. 살다 보니 그럴 수도 있더라. 그저 기도하고 낙심하지 않으면 된다."라고 말씀하셨다. 그 긴 시간 함께했고, 그러는 사이 그 간절함을 들으신 하나님이 생각지 못한 문을 열어 주시고 고난의 터널이 끝났을 때 감사하며 하나님의 은혜라고, 기도 응답이라고 말씀하셨다. 하지만 그 감사가 생각보다 짧았고, 지금 잘

그래, 그럴 수도 있지

되고 있는 사업에 집중하게 되고, 고생한 자식들에 집중하게 되다 보니 대부분 좋은 곳을 찾아 떠나곤 했다. 무엇보다 떠난 뒤에는 고난의 시간을 잊고 싶어 했고, 애들 데리고 교회 지하에서 칸막이 치고 살던 그 시간을 지우고 싶어 했다. 매일 새벽 목욕하고 정결한 마음으로 하나님 앞에서 간절히 매달리며 애원하던 그 시간을 어느 순간 다 지워 버렸다.

엄마라고 그 마음에 서운함이 없었을까? 그 마음에 떠난 빈자리의 허망함이 왜 없었을까? 당장 필요한 돈 때문에 발을 동동 구르며 숨넘어가는 모습에 남동생 돈까지 가져다가 고비 넘기고 한숨 돌리자 그렇게 감사해하더니 시간이 지나니 그 순간을 기억하고 싶어 하지 않는 모습에 어찌 서운하지 않았을까? 엄마는 사람의 죄성을 너무나 잘 알고 계셨다.

그리고 거기에 머물면 함께 마음으로 죄짓는 것임을 아시기에 현재 고난 중에 계신 분들에게 집중하셨다. 잘되어서 떠난 분들에게 맘을 뺏기고 시간을 낭비할 수는 없는 일이었다. 지금 이 시간에도 고난의 터널에서 언제 끝나나 지쳐가는 성도들이 있기 때문이다. 그리고 함께 손을 잡고 조금만 더 기도하며 인내하면 될 것임을 엄마는 아시기에 오늘도 저녁이면 예배당으로 올라가신다. 그런 분들을 품어 줄 수 있는 엄마 같은 목회자가 많았으면 좋겠다.

5

영의 눈으로
보시는 분

우리에게 어떤 문제가 생기거나 관계가 틀어지면 우리는 여러
가지 생각을 하게 된다. 왜 이런 일이 나에게 일어난 것일까? 어
디서부터 잘못된 것일까? 어떻게 하면 돌이킬 수 있을까? 가장
좋은 해결 방법이 무엇일까? 누구에게 도움을 청할까? 누구에
게 하소연할까?

한가로이 배 깔고 엎드려 귤 까 먹으며 뒹굴던 날, 궁금해서
물었다.

"엄마는 왜 할아버지를 모시고 살았어?"

"내가 부모 사랑을 못 받고 자라서 결혼하면 시부모님을 모시
고 살면 사랑받을 거라는 생각을 했었지. 난 참 좋았다. 아버지,
어머니 부르며 모시고 사는 것이."

엄마의 대답에 마음이 아렸다. 23살에 맏며느리로 시집가서 예수쟁이 며느리라고, 빚만 지고 다니는 못마땅한 장남과 함께 사랑을 받기는커녕 이혼을 요구당하며 사신 분이시다. 이혼서류 들고 와서 도장 찍으라는 시댁 식구 피해 다니며 이혼은 못한다 했던 분이시다.

서울에서 보증 잘못 서고 빚져서 야밤에 도주하듯 시골로 내려와 매일 같이 술독에 빠져 사는 아빠를 막내 삼촌이 한여름에 술 취해서 복날 개 패듯 그리 때려서 거의 죽게 만들었다. 아무도 형한테 그러면 안 된다 하지도 않았고, 병원에 데려가지도 않고 그저 죽으면 장례 치른다며 마당에 죽은 듯 누워 있는 아빠를 그대로 방치하고 기다렸었다.

그날 그 사건의 현장에 있었던 7살 어린 나는 오랜 시간이 지난 뒤에 왜 아무도 경찰에 신고를 안했을까? 의아했다. 온 동네 사람들이 아빠의 비명소리에 횃불을 들고 다 나와서 구경을 했는데, 짐승처럼 변한 막내 삼촌을 어느 누구도 말리지 못했고 아빠는 온 동네 사람들이 보는 앞에서 그렇게 몽둥이에 맞아서 죽어 갔었다.

"엄마, 왜 경찰에 신고를 안했을까? 난 그게 이상해. 그건 살인 사건이야. 살인 미수. 그리고 앰뷸런스는 아니더라도 병원에 모시고 갔어야 하는 거 아닌가?"

"그 시절에는 다 집안싸움이려니 하고 넘어갔지. 전기도 안 들어오는 시골이니까. 만약 네 아빠가 그때 죽었어도 그냥 사망신고하고 장례 치르면 되는 일이었지."

전기도 없고, 하루에 버스가 서너 번 들어오는 산골이지만 그래도 1973년의 일이다. 조선시대도 아니고 일제 강점기도 아닌데 어쨌든 그랬다. 엄마는 모든 사건을 가족 내 불화라든가, 재산 싸움, 형제간 감정 싸움으로 보지 않으셨다. 영적인 일로 보셨고, 언젠가는 시댁 식구들도 우상을 버리고 하나님을 믿게 될 영적 싸움이라 생각하며 사셨다. 그랬기에 그 일이 있고 나서도 명절 때면 우리 손에 쇠고기 들려서 친가에 인사하러 보내시고 (우리 손에 들려 보낸 귀한 소고기는 언제나 환영받지 못했다.), 서울로 올라와서는 할머니, 할아버지를 모시고 와서 살았다.

한가로운 분이 아니셨고, 전업주부도 아니셨지만 시부모님 모시고 사는 것이 좋으셨단다. 할머니는 평생 일한 적이 없는 분이셨다. 고구마순이라도 조금 다듬으면 손가락이 아프고 저리시다 하시며 누우시고, 그 손가락은 일주일동안 아리고 아프셨다. 몸이 허하면 조선괴기(쇠고기)를 먹어야 나으셨고, 소주 한 잔에 계란 하나 뚝 깨서 넣어 마시는 것이 보약이었다. 내 기억 속의 할머니는 조용하시고 허리가 아프셔서 항상 누워 계셨다. 마당으로 향하는 창호지 바른 문에 내 손바닥만 한 유리를 넣어서는 그 유리를 통해 열린 대문에 누가 오나 들여다보시는 분이셨다. 할머니가 경험하는 세상은 딱 그 유리 크기였다. 마을 밖을 나가시지 않으셨고, 세상 일에 관심이 없으셨다. 그렇게 할아버지의 보호 아래 집안에서만 사시다가 할머니가 돌아가시고 할아버지가 재혼하셨다. 엄마는 마치 딸 시집보내듯이 그렇게 패물이며 예복, 한복 다 맞춰서 젊은 시어머니를 맞으셨다. 몇 년 못 살고 할아버지가 이혼을 하셨을 때도 엄마는 할아버지를 모시고 와서 함께 사셨다. 방이 없어 남동생 방에서 할아버지가 사시고, 남동생은 군대를 갔다. 군대를 제대했어도 방은 없었다. 보일러 돌아가는 부엌방에서 자거나 엄마가 예배당으로 가면 아빠랑 같이 자곤 했다.

그래서 그랬나 보다. 남동생은 치매가 심해지면서 피해망상도 심해진 아빠를 시설에 모시지 않았다. 할아버지가 그랬듯이 아빠도 자식들에게 심한 말, 억장이 무너지는 말을 쏟아 놓으셨다. 어떻게 자식에게 저런 심한 욕을 할까? 저런 협박을 할까? 그런 말을 본인 맘이 풀릴 때까지 쏟아 놓으시고서야 조용해지셨다. 그 모든 것을 다 받으면서도 말없이 아빠를 챙기는 아들을 보시며 엄마는 많이 고마워하셨다. 할아버지, 아빠 대에서 끝나서 다행이라 하시며 너희부터는 무조건 하나님 말씀대로만 살면 된다 하시는 분이시다.

영적인 문제로 보시기에 사람이 밉지 않으셨던 분이시다. 오히려 불쌍하고 안쓰럽다고 하셨다. 참으로 인색하고 따뜻한 손길 한 번, 눈길 한 번 주지 않으셨던 새어머니가 낳은 동생들이 그렇게도 예쁘셨다고 했단다. 그래서 양장점 하실 때면 고운 색으로 옷 만들어 입히는 것이 너무나 좋으셨단다. 시집와서는 어린 시누들이 예뻤고, 지금 이날까지 여주 쪽만 지나도 큰시누(버섯 농장 하시는 큰고모) 댁에 들러 얼굴이라도 보고 뭐라도 드리고 오신다. 그 마음을 아시기에 큰고모도 철마다 버섯을 포장해서 보내 주신다. 아랫동서들을 보면 엄마를 힘들게 하는 시동생이었지만 어쩌다 같은 집에 시집을 왔나 싶어 또 동서들이 좋았다고 하셨다. 내가 고등학교, 대학교 때는 할아버지 손에 온갖 김치를 담고 밑반찬 담아서 막내 삼촌 집으로 보내곤 했다. 상식적으로 이해하기 힘든 부분이었다. 남편에게 그렇게 한 시동생인데, 단 한 번도 잘못했다, 죄송하다 사과한 적도 없는 시동생인데, 화나면 온갖 욕을 하며 생떼를 쓰고 단 한 번도 형수라 부른 적 없는 시동생인데도 엄마는 김장까지 해서 보내셨다.

어느 날, 동네 노인정 할머니들이 할아버지를 놓고 싸움이 생겼다. 서로 본인들이 할아버지 부인이고, OO교회 목사 시어머니라면서 엄마까지 그 싸움 중에 오르내렸고, 그 일이 커지면서 엄마는 할아버지에게 여자 문제는 안 된다고, 자제해 달라고 부탁드렸다. 화가 나신 할아버지는 짐싸서 막내아들 집으로 가 버리셨다. 그러자 막내 삼촌은 전화해서 부모님 모시고 살면 아빠가 교육공무원이니 매달 5만 원의 수당을 받았을 테니 할아버지 모시고 있는 동안 받은 수당을 다 내놓으라고 전화해서 악을 썼다. 엄마는 전화를 끊고 한참을 마음 아파하며 힘들어 하시다가 빚을 얻어 막내 시동생 통장으로 몇 백만 원을 보내드렸다. 옆에서 지켜본 나는 "그동안 받아먹은 김치며 반찬이며 김장김치 값만 해도 그보다 더 나오겠네." 했다. 이때도 엄마는 "어찌 사람이 맨 정신에 이러겠냐. 그저 불쌍한 것이다. 너희들은 절대로 그러면 안 된다." 하셨다.

그 어떤 상황에서도 성령님의 일하심과 사탄의 방해를 분별하시는 분이시기에, 그 일로 맘이 상해서 미운 감정으로, 입술로 죄를 짓지 않으셨다. 어려운 일이 생기면 기도하시며 본인과 하나님과의 관계가 행여나 이런 일로 가로막힐까 더 말씀 가운데 깨어 계셨다. 하지만 우리들에게는 저녁 식사시간에 말씀하셨다. 앞으로 우리는 절대로 그러면 안 된다는 것을 말씀하셨다. 그리고 형제간의 우애에 대해서 강조하시고 또 강조하셨다.

2006년 봄에 참 많이 힘들었다. 그래서 엄마에게 전화로 하소연했다. 그런데 엄마의 대답은 내가 예상한 답이 아니었다.

"얼마 전 내가 동물의 왕국을 보다가 귀한 것을 깨달았다. 푸른 초원 위에서 풀을 뜯는 얼룩말을 몰래 노려보는 사자를 얼룩말은 전혀 예상도 못하고 그저 평화로운 시간을 즐기다가 사자의 공격을 받고는 정신없이 도망치기 바쁜 얼룩말이 우리의 모습이구나 하고 말이다. 마귀는 내가 평안히 쉴 때도 같이 쉬는 것이 아니라 나를 넘어뜨리려고 노리고 있다는 것을 잊지 말아라. 또 하나는 작은 들쥐 같은 동물이 먹이를 노려보며 틈을 노리고 있는데 그 뒤에서 뱀이 그 들쥐를 노려보며 기다리다가 결국 그 작은 동물은 자기가 노린 먹이는 먹지 못하고 결국 뱀의 먹이가 되고 말더라. 문제에만 너무 집착하면 안 된다. 진짜 문제는 항상 그것이 아니거든. 네가 작은 문제에 마음을 다 빼앗겨서는 마귀에게 틈을 주고 결국에는 더 큰 어려움에 빠지게 되니 항상 잊지 말아라. 사탄은 우리를 넘어뜨리려고 수단과 방법을 가리지 않는단다. 엄만 항상 기도하고 있으니까 우리 딸도 너무 그런 일에 마음 빼앗기지 말고, 기도 생활 열심히 해라."

2018년, 지금도 한결 같으신 분이다. 엄마의 대답은 항상 같은데 그걸 알면서도 또 나는 전화기 넘어 나이 드신 엄마한테 하소연으로 내 마음의 무거운 짐을 덜곤 한다. 그리고 엄마의 말씀처럼 우리 삼 남매는 항상 서로를 위해 기도하고 어려운 일이 생기면 무조건 함께 짐을 나누어진다.

그래, 그럴 수도 있지

6

엄마는
사랑이었다

"어쩜 그리 잘하냐. 넌 못하는 것이 없구나."

"예쁘기도 하지."

"어떻게 이렇게 잘하냐. 참 맛있다."

"고맙다."

"감사하지."

"보기도 아깝다."

엄마가 항상 입에 달고 사시는 말이다. 엄마가 사용하시는 언어는 따뜻하고 긍정적이며 위로가 되는 말이었다. 무엇을 보든 좋은 점만 찾는 엄마는 특별한 분이시다. 단점이 안 보이는가 보다. 어떤 상황이나 물건에 대해 단점을 지적해서 알려 주어도 엄마는 "그러냐? 몰랐네. 근데 그래도 참 좋다." 하시고 우린 그냥 웃고 만다.

우리 셋이 자라면서 엄마로부터 책망이나 지적을 받아 본 적이 없다. 특히 비교한 적이 없었다. 엄마는 매번 무엇을 보든지 좋은 것을 칭찬해 주시고, 진심으로 감탄하셨다. 그러면 그렇게 대단한 것이 아닌 것을 알면서도 기분이 좋았다.

결혼하고 바로 헝가리로 와서 살고 있는 딸을 보러 오셨던 1996년도의 헝가리는 모든 것이 부족했었다. 한국에서는 너무 흔해서 발에 차이는 플라스틱조차 귀해서 아이스크림이나 버터 통까지 버리지 못하고 씻어서 반찬통으로 사용할 때였다. 그걸 보신 친정 엄마는 "넌 어쩜 이렇게 알뜰하냐. 어떻게 아이스크림 통을 씻어서 불고기 양념 재워 냉동할 생각을 다 했냐. 참 머리도 좋다." 그 말에 난 웃으며 "엄마, 여긴 다 이렇게 살아요." 했다. 이런 일까지 칭찬해 주시는 엄마 때문에 다시 옛날로 돌아간 것처럼 기분이 좋아졌었다.

엄마가 몰랐을까? 알았겠지. 풍요로운 한국에서 직장생활하고 공부만 하다가 시집간 딸이 모든 것이 부족하고 낯선 헝가리에서 사는 모습에 마음이 아리기도 하셨을 텐데 표현을 안 하셨다. 그리고 계속 칭찬만 해 주셨다.

"김치 한 번 담가 본 적도 없으면서 어쩜 이렇게 김치를 잘 담그냐?"

그래, 그럴 수도 있지

"국도 맛있게 간이 잘 됐다."

내가 요리를 그렇게 잘하지 못할 때였다. 그래서 같은 상황에서 정반대로 표현을 하신 분도 있었다. 그러고 보니 엄마는 참 지혜로우셨다. 내가 김치를 담글 때면 김치 장인이신 엄마 눈에 얼마나 서툴고 어설펐을까? 그런데도 옆에서 생전 김치 담가 본 일이 없는 사람처럼 신기한 표정으로 들떠서 바라보셨다. 절대로 이래라 저래라 하지 않으시고 그저 조용히 내가 김치 담는 모습을 지켜보시고 간을 보시더니 맛나다 하셨다.

"엄마 파를 너무 크게 썰었다. 그치?"

"아니다. 파김치도 먹는데 괜찮다."

"맞다. 파김치는 그냥 파로 만들잖아."

그 말에 또 웃었다. 엄마의 이런 지혜는 흉내낼 수 없는 것이었다. 사람의 마음을 먼저 생각하는 것이 생활화되어 있기 때문에 가능한 것이었다. 그냥 사랑이었다. 상대를 배려하는 것을 넘어 진정으로 하는 사랑이기에 엄마는 자식인 우리나 교회 학생들, 청년들이나 똑같았다. 이제 그 청년들이 결혼해서 부모가 되었고 보석 같은 어린 자녀들을 데리고 예배를 드리러 오면 엄마는 그 아이들을 품고 기도를 해 주신다. 또 정신없이 뛴다며 소리 지르시지만 눈은 웃고 계시다. 그냥 친할머니, 외할머니처럼 그렇게 사랑하신다.

사랑의 마음으로 보기 때문에 장점으로 보이고, 모든 것에 이유가 있기에 그저 묻지 않고 품어 줄 수 있는 것이다. 그리고 누구나 가지고 있는 크고 작은 상처들이 또 본인의 지나온 삶을 투영하면서 진심으로 안아 주고 위로해 주는 것이다.

어린이집을 운영할 때였다. 아이들 귀가 조치하고 돌아오니 사택 안에 냄새가 퀴퀴하고 토한 역겨운 냄새가 심했다. 무슨 일인가 싶어 들어가 보니 시장에서 만두가게를 하는 노총각이 술에 취해서 할아버지 방에 누워 있고 쌀쌀한 초겨울 날씨에 냄새 때문에 창문이 다 열려 있었다. 엄마 말이, 이런 추위에 술에 취해서는 길거리에 쓰러져 있어서 저러다 얼어 죽지 싶어 데리고 왔더니 얼었던 몸이 따뜻한 방에서 녹으면서 다 토하고 또 토하고 했단다. 아래에서 새 속옷 사다가 갈아입히고 꿀물 타서 먹이고, 그렇게 하룻밤을 재워서 내려 보냈는데 그 뒤에도 몇 번 더 술에 취해 길거리에 쓰러져 있는 것을 엄마가 데리고 와서는 죽도 쑤어 먹이고, 씻겨서 새 옷 입혀 보내곤 했었다.

가끔 지나다가 만두를 사러 가면 말없이 만두만 빚는 분이 술에 취하면 그렇게 길거리에서 울고 소리 지르다가 땅바닥에서 잠을 잤다. 엄마는 그 총각에게 야단을 치거나 젊은 사람이 왜 그러느냐며 잔소리를 하지 않으셨다. 그냥 말없이 데려다가 따뜻한 죽 먹이고, 토하면 치우고, 새 옷 입혀 보내기만 하셨다. 젊었을 때의 아빠를 보는 듯 싶으셨는지 기도만 하셨다. 하나님이 주시는 사랑이라 가능한 것이었다.

내가 중학교 2학년 때, 엄마는 3년 동안 아침마다 어떤 분을 찾아가서 위로하고 기도하고 오신 적이 있었다. 새벽예배 드리고 오셔서 우리 아침과 도시락 준비를 해 놓으시고는 서둘러 가셨다. 나랑 동갑인 아들이 어느 날 편지 한 장 남기고 아침에 집을 나간 후로, 다들 출근하고 학교 가는 아침이면 이분은 아들 생각에 정신을 놓으시곤 하셨기 때문에 아침이면 가셔서 함께 기도하시고, 할머니가 "아줌마, 기도하지 마세요. 그냥 가세요." 하시면 손만 잡고 있다 오시기를 그렇게 긴 시간 하신 것이다. 엄마에게 이제 그만 가셔도 되지 않느냐고 물었다. 그때 엄마는 말씀하셨다.

"만약 선미 네가 그렇게 아침에 편지 써 놓고 나가서 사라졌다면 나는 전국 방방곡곡 딸 찾기 위해 정신없이 다녔을 것이야. 그 심정이 얼마나 힘들겠느냐."

그 다음부터는 도시락이 식탁 위에 있고 엄마가 없어도 그러려니 이해를 하게 되었다. 오랜 시간이 지난 뒤에 아줌마라 부르시면서 집에도 못 들오게 하시던 어르신은 "목사님 때문에 내가 예수 믿습니다." 하시고 소천하셨다.

엄마는 40일 금식 두 번에 하루가 멀다 하고 하시는 금식으로 머리털이 다 빠지셔서 가발을 쓰고 다니셨다. 여름에는 가발을 쓰면 무엇보다 간지러워 힘드셨지만 그래도 금식과 기도를 멈추지 않으셨다. 엄마 안에서 계속해서 솟아나는 하나님을 향한 사랑과 하나님이 사랑하시는 성도들을 향한 사랑 때문이었다.

배움이 항상 고프셨던 엄마는 나이 드셔서 야간 신학대학을 나오셨다. 그리고 항상 책을 보셨다. 하지만 우리에게 책을 봐라, 책 좀 읽어라 하신 적이 없으셨다. 그냥 본인이 책을 보고 또 보고 손에서 책을 놓지 않는 모습으로 본을 보이셨고, 책 좋아하는 딸이 헝가리로 시집가서 외롭게 사는 것이 안쓰러워 20여 년 넘게 본인이 읽은 책 중에서 좋다는 생각이 들면 열심히 사서 보내 주고, 교회 학생들, 청년들에게 책 사서 나눠 주시곤 하셨다. 팔십을 바라보는 지금도 책을 보다가 주무시고, 여전히 책을 보내 주시며 청년들이, 교회 성도들이 책을 봤으면 하는 마음에 좋은 책을 소개하고 때때로 책을 사서 준다. 시간이 지나 어느 날, 엄마가 소천하시면 엄마가 소장했던 책을 누구든 와서 읽고 갈 수 있는 휴식 공간을 만들고 싶다.

아빠가 야간 신학대학을 다닐 때도 엄마는 수업 끝나는 시간에 학교 앞에 가서 기다리셨다. 매일매일 아빠가 학교에 안 가고 다른 곳으로 가는 날이 많기 때문에 이번에도 졸업을 못하면 어쩌나 싶은 엄마는 저녁 준비 해 놓고 아빠가 다니시는 대한신학교로 가셨다. 어느 날부터 아빠는 학교 교문 앞에서 기다리는 엄마가 신경 쓰여서 늦게라도 학교에 갔고 드디어 졸업을 하셨다. 4년이 걸렸다. 비가 오나, 눈이 오나, 바람이 부나 밤 10시면 학교 앞에 서 계셨고, 너무나 피곤해서 버스 안에서 졸고 또 조시면서도 가셨다. 결혼하고 나니 난 따뜻한 방에서 허리 지지며 새끼들 끼고 누워 있고 싶을 것 같다. 그것도 하나님이 주시는 사랑이기에 가능한 것이었다.

이 모든 것 위에 사랑을 더하십시오. 사랑은 완전하게 묶는 띠입니다 (골 3:14).

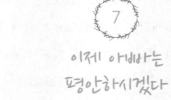

평안하시겠다

2016년 12월 20일. 아빠가 돌아가셨다. 먼 헝가리에서 아빠의 소천을 전화로 듣고 통곡하거나 땅이 꺼지는 그런 충격은 없었다. 그럼에도 가슴이 먹먹해지고 한숨이 속에서부터 자꾸만 나왔다. 이렇게 가시는 거였나. 혼자서 잠자듯 그리 가셨다고 했다. 바로 전날도 남동생에게 술을 드시고 전화해서 심한 욕을 그렇게 하셨단다. 치매로 점점 현실과 과거를 구분하지 못하시는 아빠는 안에 있는 화를 남동생과 언니, 형부에게 쏟아 부으셨다. 그리고 항상 누군가가 자신을 해치려 한다는 불안 속에서 이웃을 의심했고, 어느 누구도 가까이 하지 못하게 하셨다.

남동생과 올케는 말레이시아 근무 때도, 두바이 근무 때도 아빠를 모시고 다녔다. 엄마를 너무나 힘들게 하시기 때문에 여행

그래, 그럴 수도 있지

도 하실 겸, 건강을 위해 골프를 배우시라며 아빠를 모시고 갔다. 시아버지 하루 세 끼 식사 챙기는 것이 얼마나 힘들까 싶어 올케에게 많이 미안했었다. 아빠는 기분이 좋으실 때는 손자들을 챙기고 며느리에게 고맙다 하시지만 어느 순간 불안과 의심이 들기 시작하면 남동생을 힘들게 하면서 다시 한국으로 오셨다. 그럴 때면 참으로 이상하게 아빠에게 연락하는 사람들이 있었고, 함께 정부의 보조를 받아서 사업을 하겠다며 사람들을 만나고 다녔고, 아빠 명의의 집이 들썩거렸다. 결국 남동생 이름으로 옮겨 놓고 나서야 조용해졌다. 대신 또 남동생은 아빠에게 계속 생활비와 용돈으로 시달려야 했다. 아빠는 아들보다 더 잘 섬기는 사위랑 착한 큰딸의 효를 받으면서 아들, 며느리랑 편하게 여행하며 그리 살면 좋았을 텐데 너무나 안타깝게도 그러지를 못하셨다. 안에 쌓인 불안과 화를 술만 드시면 아들 회사까지 전화를 해서 욕을 하시고 "내가 사장한테 전화해서 너 같은 녀석 회사 잘라 버리라고 하겠다. 너 같은 자식은 벌 받아 마땅하다."로 시작해서 온갖 나쁜 말을 쏟아 놓고 나서야 전화를 끊으시곤 하셨다.

그날도 술 드시고 너무나 힘들게 해서 남동생이 엄마에게 하소연했다고 한다.

"참 대단하신 분이야. 언제까지 이러실까? 양천구청에서 자꾸

만 전화오는데 병원에 모시고 가서 치매 진단 받아 병원에 모셔
야 할까 봐."

"우리 아들 참 효자다. 하나님이 다 보시고 복 주실 거다. 우리
아들."

고마움과 미안함으로 엄마가 할 수 있는 말은 그것뿐이었다.

동생이 집에 가 보니 술에 취하셔서 본인이 스스로 119를 불
러 구급 요원이 와 있었고, 구급요원이랑 함께 침대에 눕혀 드
리고 집에 왔다고 했다. 다음날 회사에 가서 걱정이 되어 전화
하니 전화를 안 받으셔서 엄마에게 빨리 집에 가 보라 연락을
했고, 엄마가 언니랑 아빠 집에 가 보니 침대에 누우신 채로 잠
자듯 그리 돌아가셨단다. 혼자서 돌아가셨기 때문에 남동생과
엄마, 언니, 형부 모두 경찰서에 가서 조사를 받았고, 보험이 있
나 제일 먼저 물어보았지만 다행히 우린 보험이 없었다. 아빠를
위해서는 어떤 보험도 들 수가 없었다. 그것도 아빠에게는 의심
이 되고 불안이 되기 때문이다. 바로 전날 119 요원들이 와서 남
동생이랑 같이 술에 취한 아빠를 침대에 눕혀 드리고 간 기록이
있어 혐의 없음으로 장례를 치룰 수 있었지만 참 아빠답다 싶었
다. 아빠를 수목장으로 모시고 아빠 살던 집을 다 정리하고 나
니 한 사람이 살다간 뒷자리가 너무 허망했다.

전쟁 치르듯이 그렇게 화를 내고, 싸우고, 소리 없이 악을 쓰

그래, 그럴 수도 있지

며 살다 가신 아빠였다. 젊어서는 부모, 형제로부터 버림받은 상처로 마음이 아파서, 나중에는 치매로 현실과 자신의 머릿속 상상을 구분하지 못하셨다. 매일 멋지게 차려 입고 길거리로 나가서 카페, 식당, 강서구청, 양천구청 순회를 하셨다. 시간이 지나면서 피해망상도 심해져서 엄마에게 폭행도 하시고, 이웃이 본인을 가스로 독살한다 하시며 하루가 멀다 하고 신고를 했다. 아빠의 삶은 항상 불안했고 편안함이 없는 하루하루였다.

아빠가 돌아가시고 처음 든 생각이 이젠 불안하지 않으시겠다, 무섭지도 않으시겠다. 이제 아빠는 편안하시겠다는 거였다. 아빠의 시간은 극과 극이었다. 하나님 말씀 안에서 은혜 받고 평안할 때는 은행 신용카드를 직접 본인 손으로 자르시고 다시는 빚지지 않겠다며 다짐하셨지만 내 기억에 한 달을 못갔다. 교육공무원이셨던 아빠한테 신용카드 한두 개 만드는 것은 일도 아니었다. 카드 한도도 컸다. 그 한도만큼 우리가 갚아야 할 빚은 늘어만 갔다. 마음이 불안하시고 힘드실 때는 술을 드셨고, 세상을 향한 그리고 본인의 아픔인 부모형제들을 향한 분노를 제일 만만한 엄마한테 쏟으시곤 하셨다. 엄마는 자신이 지고 갈 십자가라며 말없이 모든 것을 받으시고 늦은 밤, 이른 새벽 교회로 가서는 엎드려 밤을 새면서 기도하셨다.

엄마는 항상 말씀하시곤 하셨다.

"자식들 고생시키지 말고 당신 먼저 가면 내가 다 정리하고 뒤따라 갈 테니 미련 두지 말고 먼저 가셔요. 혹시나 내가 먼저 가면 누가 당신 챙길 거며 아들, 며느리, 딸자식 고생 그만큼 시키면 됐지 얼마나 더 고생시키려고 나보다 더 사시려고 그러시오."

그리고 아빠는 잠자듯 그리 먼저 가셨다.

아빠가 인천 무의도에서 6년간 근무하신 적이 있었다. 여름이면 아빠가 근무하시는 대무의도, 소무의도에서 일주일, 열흘씩 머물다 배타고 나오곤 했었는데 유일하게 생각나는 유일한 좋은 기억이다. 바닷가에서 조개도 줍고, 아빠가 주시는 초고추장 들고 바닷가에 나가서 굴을 따서 바로 찍어 먹기도 했다. 전기가 없는 그곳의 밤은 칠흑같이 어두웠고, 별이 많았다. 그렇다고 아빠가 우리랑 같이 놀아 주시거나 함께 수영을 하면서 갯벌에서 낙지를 잡거나 하신 것은 아니다. 아빠는 어딘가에 계셨고, 섬에 있는 언니들이랑 놀았다. 그래도 아빠는 바닷물 빠지면 우리를 바닷가로 데리고 나가셨고, 물 들어온다고 사이렌이 울리면 우리를 찾으러 오셨다. 우리가 주운 조개랑 어쩌다 건진 낙지를 가지고 국을 끓여 주셨다. 아빠가 술을 안 드셨고, 화를 안 내셨고, 소리를 안 지르셨기 때문에 나에게 아주 평화롭고 좋은 추억으로 남은 것이다.

아빠가 돌아가시고 한 번씩 옛날 시간을 먼지 털어내고 들여

다본다. 그때 그랬었는데 하면서 말이다. 그리고 이제 아빠는 편안하시겠다고 생각하니 내 맘도 편안해진다. 몇 년 전 기도를 했었다. 아빠가 엄마를 밀어서 뇌출혈이 생겼을 때 너무나 속상해서 한 기도였다.

"하나님, 아빠가 먼저 천국 가시면 엄마에게 2년이나 3년의 휴가를 주세요. 안 그러면 제가 너무 힘들 것 같습니다. 평생 힘들게 사셨는데 몇 년은 훨훨 날아 소풍 즐기듯 그리 다니다 가게 해주세요."

그런데 지금 다시 간절히 부탁드리고 싶다.

"조금만 더 시간을 주세요. 여전히 여기저기서 엄마의 위로를 필요로 하시는 분들이 많답니다. 이것저것 이고지고 떠나를 곳이 많답니다. 그러다 엄마의 소망처럼 기도하시다가 말씀 전하시다가 부름 받게 해 주세요."

이 글을 쓰는 내 옆에서 두 딸과 12년 기도하고 가슴으로 낳은 늦둥이 아들 에녹이 찬양한다.

"이날은 이날은 주의 지으신 기쁜 날일세. 기뻐하고 기뻐하세."

에녹의 찬양에 그렇지. 매일이 주님의 날이지. 어제도, 오늘도 그리고 내일도 우리에게 허락되는 모든 날이 다 주님의 날이니 기뻐하고 기뻐해야지. 찬양하는 43개월 어린 아들의 찬양을 통해 또 배운다. 한국에 와 있는 동안 예배가 끝나면 우리 아들도 형아들 속에 줄을 서서 기다린다. 외할머니 목사님에게 축복기도를 받기 위해서 그리고 두 손 모으고 기도를 받는다. 우리에녹이 말씀 안에서 자라는 모습도 지켜보시고 또 기도해 주셔야 하니까 친정 엄마가 조금만 더 기도하시며 말씀의 등불을 비춰 주시기를 간절히 바란다.

그래, 그럴 수도 있지

감사

노모의 따뜻한 손길 같은
누룽지 끓여
한 수저 입에 넣으니
속이 따뜻해지며 아려온다.

노모 얼굴 닮은 절인 오이 무쳐
한 젓가락 입에 넣고 씹으니

애야, 체할라
천천히 꼭꼭 씹어 삼켜라.
귓전에 맴돌고

그 사랑에 울컥 눈물이 쏟고
귀한 사랑 한없이 받은 시간들이
그저 감사하고 감사해서

누룽지 입안에 자꾸만 밀어 넣고
짭짜름한 오이지
그리움만큼 씹고 또 씹는다.
말 잘 듣는 아이처럼.

"워낭소리"라는 영화를 볼 때, 어째 난 친정 엄마가 생각났다. 평생 하나님께 고삐 잡힌 채로 함께 동행하신 분. 하나님과 함께 굳은 땅 갈아엎어 옥토로 만드는 일을 쉬지 않고 평생을 하신 분. 비가 온다고 바람이 분다고, 해가 너무 뜨겁다고 게으름 피우지 않고, 묵은 땅마다 갈아서 보슬보슬 옥토로 만들고 말씀의 씨를 뿌리고 하나님이 비를 내려 싹을 틔우고, 하나님이 창조하신 따뜻한 햇살로 자라게 하시는 귀한 일을 함께하신 분. 또한 본인 스스로가 한 알의 밀알이 되어 열매 맺으신 분.

어려서 예수를 믿으면서부터 예배당이 너무 좋아 하루가 멀다 하고 예배당에서 지내셨고, 예배드리고 온 날 저녁은 당연히 굶어야 했단다. 그러니 저녁 먹는 날이 거의 없으셨다고. 거기까지면 좋았는데 예배당이 연애당이라 불리던 시절이라 예배당 갈 때마다 혼나고 욕먹으며 다니셨고, 청년들과 함께 창고를 빌려 교회 개척을 하셨다. 안 믿는 집에 시집가서는 여기저기 붙여 놓은 부적을 떼면서부터 예수쟁이 며느리 때문에 집안일이 안 된다면서 이혼을 요구 당하며 사셨다. 40일 금식 기도를 지켜보고서야 예수를 믿게 된 남편은 한 발은 세상에, 한 발은 교회에 걸치고 살면서 쉬지 않고 기도하게 하는 역할을 하셨다.

여자 목사로 어미의 마음으로 목회를 하면서 팔십을 바라보시는 지금, 엄마의 쌍둥이 오빠되시는 외삼촌은 전주에서 목회를 하신다. 외삼촌의 세 아들 모두 목사님으로 신실한 하나님의 종이다. 삶이 너무도 팍팍하셨던 큰이모도 예수님 영접하시고, 막내아들 목사 안수 받고 아름다운 목회하시는 것을 보시고 돌아가셨다. 결혼 전이니 20년도 전에 외갓집에 다들 모이신 적이 있었다. 누군가가 "김 목사, 전화하자." 여기저기서 일어나셔서 우린 한참 웃었다. 김 목사가 너무나 많았기 때문에 '김OO 목사'라고 불러야 했다. 엄마가 온전히 한 알의 밀알이 되어 썩으셨기 때문이다.

돌아가신 할아버지가 1984년 5월 엄마가 목사 안수 받으시던 날 오셔서 다 지켜보시고는 엄마에게 하신 말씀이시다.

"이제 내가 내려가면 족보를 고쳐서 김 목사 이름을 족보에 넣고 목사라고 함께 적겠다."

정말 원 씨 족보에 목사 김명자라고 넣어서 가지고 오셨다.

그 족보를 받으신 엄마는 "이제 되었다." 하셨다. 목사라는 말이 들어갔으니 인정한 것이 아니냐면서 그 족보를 남동생에게 주셨다.

　귀 얇은 아빠는 누군가의 이야기를 몇 번 들으면 앞뒤 생각 없이 바로 실행하셨다. 특수학교를 퇴직하시면서 몇 분 자모님들의 요청으로 퇴직금으로 장애인 단기 보호시설을 시작하셨다. 학교에서 몇 시간 만나는 거랑 하루 24시간을 돌보는 것은 너무나 달랐고, 장애인 보호시설 운영이 이렇게 어렵고 복잡할 것이라는 것을 몰랐던 아빠는 시작한지 3년 만에 빚을 지셨다. 나이가 십대 후반에서부터 사십이 넘은 성인 장애인들과 빵을 구워서 팔겠다며 빵 굽는 오븐과 설비를 모두 들여 놓으셨지만 생각처럼 안 되었고 기계만 남았다. 또 장갑을 짜서 팔겠다며 장갑 짜는 기계를 들여 놓았지만 품질이 따라 주지 않았고, 팔 곳도 없었다.

　어떤 생각이 들거나 누군가의 이야기를 들으면 사전 조사를 하지 않으시고 바로 실행으로 옮기고 그 다음에 대책을 마련하시니 빚만 져서 결국 어린이집을 운영하던 언니가 어린이집을 정리하고 사회복지사 자격증을 취득해서 아빠가 하시던 장애인 단기 보호시설을 운영하고 있다. 나이 드신 엄마는 노년에 장애인들을 위해 기도하시고, 함께 예배드리며 지내신다. 장애인 시설은 하나라도 잘못해서는 안 되는 살얼음판 같은 일이다.

처음 시작할 때는 잠도 매일 장애인들과 함께 자야 하고 매 식사를 언니가 직접 다 했기에 많이 힘들었지만 10여 년의 시간이 지나면서 이젠 많이 안정적이 되었다. 몸 약한 언니랑, 그저 말없이 궂은 일 다 하는 사위가 안쓰러워 매일 같이 예배당에 올라가 기도하신다. 좋은 일임에는 분명하지만 어찌 아빠는 유산도 기막힌 유산을 물려주고 가셨는지. 그래서 엄마는 노구를 이끌고 오늘 밤도 예배당으로 올라가 기도하신다.

워낭 소리에서 나오는 소리 없는 늙은 소처럼 주님의 손에 고삐를 쥐어 드리고 주님과 함께 하신다. 그리고 주님이 수고했다. 잘했다. 이제 나랑 같이 쉬자 부르시면 우리 주님 곁에서 쉼을 누리실 것이다.

그래, 그럴 수도 있지